古典文獻研究輯刊

三十編

潘美月・杜潔祥 主編

第 10 冊

圖海
——中日《三才圖會》的分析與探索（下）

何立民 著

國家圖書館出版品預行編目資料

圖海——中日《三才圖會》的分析與探索（下）／何立民 著—
初版 — 新北市：花木蘭文化事業有限公司，2020〔民109〕
目 4+142 面；19×26 公分
（古典文獻研究輯刊 三十編；第 10 冊）
ISBN 978-986-518-095-9（精裝）
1. 類書 2. 研究考訂
011.08   109000647

ISBN-978-986-518-095-9

9 789865 180959

古典文獻研究輯刊
三十編 第 十 冊
                        ISBN：978-986-518-095-9

圖海——中日《三才圖會》的分析與探索（下）

作　　者　何立民
主　　編　潘美月　杜潔祥
總 編 輯　杜潔祥
副總編輯　楊嘉樂
編　　輯　許郁翎、張雅淋　美術編輯　陳逸婷
出　　版　花木蘭文化事業有限公司
發 行 人　高小娟
聯絡地址　235 新北市中和區中安街七二號十三樓
　　　　　電話：02-2923-1455／傳真：02-2923-1452
網　　址　http://www.huamulan.tw 信箱 hml810518@gmail.com
印　　刷　普羅文化出版廣告事業
初　　版　2020 年 3 月
全書字數　266371 字
定　　價　三十編 18 冊（精裝）新台幣 40,000 元　　版權所有・請勿翻印

圖海
——中日《三才圖會》的分析與探索（下）

何立民　著

目

次

第七章 「版畫之美」——兩部《三才圖會》巨量插圖的特色與價值

第一節 日本「浮世繪」的經典作品——以《和漢三才圖會》版畫爲中心

　　日本浮世繪藝術作品是世界藝術史卓有影響力的藝術形式。所謂「浮世繪」即「描繪此世風俗之畫」〔註1〕之意,「江戶時代以江戶市民階層爲基礎而發展的風俗畫」〔註2〕,桃山時代至江戶初期風俗畫、美人圖爲其奠定基礎,菱川師宣、西川祐信、鈴木春信、鳥居清長、葛飾北齋等著名藝術家則爲代表,形成木刻版畫的新範式,影響巨大。

　　其中,以歌舞伎町等場所代表的「浮世」,「僅僅當下存在,有著淡月、飛雪、櫻花、楓葉、清歌、美酒,讓自己失去根柢,對眼前的財富漠不關心,輕鬆和無憂無慮,就像一個葫蘆在水面上隨波逐流」〔註3〕;同時,這種「浮世」展現了意念中的國度,不僅是藝術體驗與精神戀愛相結合、逃避現實的場所,更是弘揚審美觀念,爲自己珍惜過去時光和當下流逝的風景〔註4〕。

〔註1〕 參石川英輔主編:《大江戶八百八町》,第369頁。

〔註2〕 《世界美術辭典》,第152頁。轉引自劉曉路:《蕩搖浮世生萬象——浮世繪研究》,《世界美術》,1993年第2期。

〔註3〕 參淺井了意《浮世物語》。轉引自克里斯汀·古斯撰,胡偉雄等譯:《日本江戶時代的藝術》,中國建築工業出版社2008年,第29頁。

〔註4〕 參克里斯汀·古斯撰,胡偉雄等譯:《日本江戶時代的藝術》第一章「藝術家和城市」第二節「城市文化」,第29頁。

　　後來，以「美人圖」、「伎圖」爲代表的「浮世繪」作品，大量展現娼妓、藝伎面容、裝束、神態、體態、氣質等畫像圖，還展現美人出浴、梳洗、化妝、浣洗、裁衣、逗子、玩耍、戲蝶、出行、調情等場景圖，多方面展示東方女性的體態、神韻、性感、嫵媚、婉約之美，類似於現代學科意義上的人體藝術、風俗繪畫藝術，體現日本古代社會中萌生的人本主義傾向，又慢慢引申出新潮、時尚、色情等意味。

<table>
<tr><td>菱川師宣《大和繪》〔註5〕版畫</td><td>《美人回顧圖》〔註6〕（肉筆
浮世繪〔註7〕，元祿前期）</td></tr>
</table>

　　浮世繪既是日本藝術史重要門類，又是對西洋美術產生重要影響的藝術種類之一。十七世紀初，隨著德川家康江戶建立幕府開始，江戶逐漸成爲日本的政治、經濟與文化中心，浮世繪隨之應運而生。其直率表達江戶市井生活的方方面面，涉及美人、浴女、藝妓、俳優、妓女、瘋三、乞丐、浪人、武士、町人、俠士等各色人物，花街柳巷、紅樓翠閣、町齋澡堂、旅遊風光、市井民俗、貿易交往等諸多場景，堪稱「江戶時代形象的百科全書」，與號稱「江戶時代百科全書」的《和漢三才圖會》一起，全方位展現江戶時代庶民淚水澆灌出的光怪陸離與浮華盛世。

〔註5〕浮世繪萌芽階段的作品。

〔註6〕日語名爲《見返り美人図》，參石川英輔主編：《大江戶八百八町》，第237頁。

〔註7〕案，浮世繪作品包括肉筆、版畫兩種類型，而又以「版畫浮世繪」作品發展迅速，影響巨大。另外，本書研究對象《和漢三才圖會》亦爲版畫作品，因此筆者的分析主要以各類版畫浮世繪作品爲主。參常任俠：《日本浮世繪藝術》，《世界美術》，1980年第3期。

西川祐信《繪本貝歌仙》　　　　　大久保秀興等《奈良名所八重
櫻》〔註8〕版畫

喜多川歌麿《枕邊詩》圖　　　　歌川廣重《東海道五十三次》〔註9〕版畫

　　同樣，江戶時代的城市藝術家不僅嫻熟於繪畫、書畫等「姊妹藝術」，他們的活動亦不僅限於掛卷或屏風，許多藝術家也把才華用在裝飾陶器、設計漆器圖案，甚至手繪衣袍，他們還熱衷於版畫和書頁插圖〔註10〕；同時，與毛筆所繪畫作不同，木刻版畫生產迅速、價格便宜且數量巨大，使其不僅能迅速填補1657年江戶大火後、重建家園的精神追求，還能迅速反映最新潮流和政治事件，出版商、設計師和作家聯動合作，版畫浮世繪進入空前大發展

〔註8〕大久保急鑑秀興、本林伊祐，延寶六年（公元1678年）刻本。
〔註9〕天寶四年、五年（公元1832～1833年）保永堂刻本。筆者案，日本江戶時期
　　　作家十返舍一九有《東海道徒步旅行記》一書，鮑耀明中譯本（山東畫報出版
　　　社2011年）卷首所載各版畫插圖，與此風格相近，可參。
〔註10〕克里斯汀・古斯撰，胡偉雄等譯：《日本江戶時代的藝術》，第39頁。

的黃金時代。這種商業發達、精神自由、生活寬鬆、多方協作、藝術氛圍濃厚的土壤，自然而然可以產生諸如寺島良安《和漢三才圖會》這樣的作品，這是值得注意的地方。

萬飾北齋《富嶽三十六景・神奈川沖浪裏》〔註 11〕（「署名」細部）

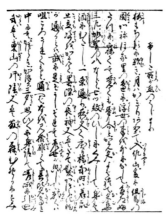

《好色一代男》書影〔註 12〕　　　　　《好色一代男》所載版畫〔註 13〕

〔註 11〕共計四十六圖，又有續作十圖，天寶四年（公元 1834 年）西村屋與八永壽堂刻本。其中，《神奈川沖浪裏》（かながわおきなみうら）一圖現存山梨縣博物館。

〔註 12〕此爲天和二年（公元 1682 年）大阪秋田屋市兵衛刻本。

〔註 13〕此圖爲日本著名浮世繪師菱川師宣畫，貞享元年（公元 1684 年）江戶川崎七郎兵衛刻本。

　　本節我們以《和漢三才圖會》版畫為基礎，結合井原西鶴《好色一代男》、《好色一代女》〔註14〕及紀定丸撰、喜多川歌麿畫《狂月坊》〔註15〕等「版畫浮世繪」作品，按照體裁、類別，加以比較分析。

《狂月坊》所載彩色版畫《明石》

一、《和漢三才圖會》中的「役者繪」與「美人繪」

　　「役者」又名「俳優」，「役者繪」即主要描繪歌舞伎演員、表演舞臺、各類道具、歌舞伎欣賞中場景的浮世繪作品。如潘力先生所示，役者繪涉及演員多是男性，因此畫作的名稱及筆觸，都體現出女性扮相背後隱含的男性身份。如作品《三代目尾上菊五郎之屋新兵衛》中，演員尾上菊五郎扮演屋新兵衛之角色。《和漢三才圖會》中此類作品較多，下面舉例述之。

　　「歌舞伎」版畫描繪舞台之上手執折扇輕舞表演的場景，舞臺的台階、造型是背景與陪襯，歌舞伎表現場景是重點，歌舞伎演員身穿華麗刺繡服裝又是核心，隔著紙張，仍能感受到演員扮相艷麗、全情投入、歌聲動人、舞姿嫵媚、惟妙惟肖、眾聲喝彩的場景，令人印象深刻。

〔註14〕 還包括《好色五人女》等作品，王啟元、李正倫譯，中國電影出版社 2004 年（山東文藝出版社 1994 年）。又，還參閱十返舍一九《東海道徒步旅行記》（鮑耀明譯，山東畫報出版社 2011 年）等作品。

〔註15〕 江戶時期寬政元年（公元 1789 年）蔦屋重三郎耕書堂刻本。

歌川國貞《歌舞伎俳優》〔註16〕　《和三才圖會》中的「歌舞伎」與「淨琉璃」圖版

《和漢三才圖　　《好色五人女‧愛男色者頓失兩少　　《好色一代男‧與眾不同的男妓》
會‧男色》　　　年》〔註17〕　　　　　　　　　　〔註18〕

〔註16〕　原名《向疵之与三，八代目市川團十郎》，《赤間之愛妾於富，四代目尾上梅
　　　　　幸》，嘉永六年（公元1853年）作。
〔註17〕　卷五，王啓元、李正倫譯本，卷首版畫插圖中最末一圖。
〔註18〕　卷四，王啓元、李正倫譯本，卷首版畫插圖中第二十三圖。

《和漢三才圖會·傾　　　　　　西川祐信《美人撫琴圖》〔註20〕
城》〔註19〕

　　浮世繪的美人圖大多以妓女爲原型，畫中女性髮髻高聳，面容傅粉，配
飾繁縟，服裝多樣，嫵媚多姿，展現江戶時期女性獨特裝飾特點和風格。

二、《和漢三才圖會》中的「風景繪」及界畫類作品

　　浮世繪風景畫作品中，名家輩出，影響深遠最著名的要屬葛飾北齋的《富
嶽三十六景》、歌川廣重的《東海道五十三次》以及溪齋英泉和歌川廣重共同
完成的《中山道六十九次》，此三部大型作品，被日本藝術家歷代尊崇，且稱
其爲「三大風景畫」。下面我們主要採用比較的方式，著重說明《和漢三才圖
會》所收有關作品的藝術特色。

　　卷四《時候類》「上巳」圖版，本爲解釋上巳節日，但圖版曲水流觴、賓
主隔岸對坐、侍兒從幫協助，遠處垂柳綠茵，皆形象展示，令人心曠神怡。
同卷「雛遊」圖版詳細展示，三月春光明媚時日，小兒女裝飾一新，安置或
攜帶男女木偶像，戲耍玩樂的場景。圖版中木偶的精巧、桌案的放置、屏風
的精美、物品的豐盛，兒女的神態表情、戲耍之樂，都有詳細展示；如果不
載此圖，惟妙惟肖的場景則無從展現。卷三十四《船橋類》「棧」條之圖，雖

〔註19〕 漢語中「傾城」表示美艷絕倫之意，代指美人。但在日語中，「頃城」同「傾
　　　　城」，除代指「美人」外，還有「娼妓」、「遊女」（亦爲妓女之一種，其裙帶
　　　　爲標示）等義，需要特別注意。

〔註20〕 此名爲筆者據畫意所加。

然表現棧之形狀，但圖版中頭戴斗笠、身負行囊、弓腰行走於水邊棧橋的行者及行進情形展露無遺，也是風景繪的作品。卷八十一《家宅類》「廳」，雖然為家宅類型的展示，但圖版中主賓雙方席地而坐、相對侃談的場景惟妙惟肖，臺階、地板、柱礎、房簷、梁架以及賓主服飾、髮髻、姿態、神情也全面展示，應歸屬「風景繪」的範疇。

《奈良名所八重櫻》之四　　　《和漢三才圖會·邸》　　　《和漢三才圖會·肆》

另外，《和漢三才圖會》中還有部分版畫雖仍屬於風景繪範疇，稱其為界畫，或者稱其為建築細部圖更加合適。前面我們曾簡單敘述，此處再加以詳細分析。

關於前者界畫類版畫，主要集中於卷八十一《家宅類》前半卷。如「堂」之圖，臺基、臺階、柱礎、地板、門扇、窗子、房簷、簷橼、飛橼、房脊、斗拱、柱頭、懸魚（銅鈴）等部分，皆通過界尺引筆畫出橫平豎直的線條，在符合建築學、物理學及光學原理的前提下，以一定比例的形式，將實物細緻、工整、準確地予以展示出來。同卷「院」圖除建築細部外，從宏觀角度，展描繪了建築為主、院落為輔的完整場景。房屋兩層樓的臺階、踏道、望柱、花板，二樓環廊、勾欄，桿欄式支柱、懸空臺板、甃（方形地板），圍牆、牆頭、牆柱，甚至是外牆條狀裝飾均纖毫畢現。而同卷界畫類「城」圖（非輿圖性質），更加注重細緻、工整、完整展示城郭的原貌。如下圖所示，首先映入眼簾的是建築於高臺之上、高聳的三層樓建築，高臺、房脊、門窗皆清晰描繪，城內其他建築、樹木為輔。城郭外圍則是石砌堅固的城牆，城牆四角為望樓，城牆之上為環形建築，用於駐守部隊，牆外為護城河，在遠山映襯之下，展示城郭的壯麗、堅固。

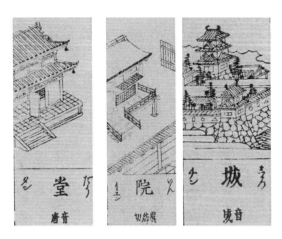

《和漢三才圖會》中的「堂」、「院」、「齋」

關於後者，主要集中於卷八十一後半部分及《家宅之用》分目之下。本卷「塔」條目，沒有描繪塔的完整造型、形狀與圖景，而是著重展示塔頂、塔尖部分。自上而下，完整、準確呈現塔尖、塔頂完整樣式，火珠、九輪、覆鉢、露盤、寶鐸等文字，標識有關部件或結構的名稱，圖版最下部雲霧飄繞，更加形象地展示出高大雄偉塔式建築的雄姿與風采。「搏風」為何物，非專攻古建築園林等相關專業者，不太容易理解。但《和漢三才圖會》通過界畫、細部示意、對比參照等多種形式，完整呈現出這一建築細部的特徵、用途、放置部位。「瓦」圖則詳細展示牡、牝之瓦的差別，展示鬼頭瓦、疏瓦的形狀、功用及特色，對比展現了中國製瓦的樣式。當然，古代中國建築所用各式瓦片的形制、樣式、規格、功能各不相同，寺島良安沒有到達中國，無從得知中國古建築中繁複瓦式的具體情況，僅能根據部分文獻或使者、商人之口略知一二。

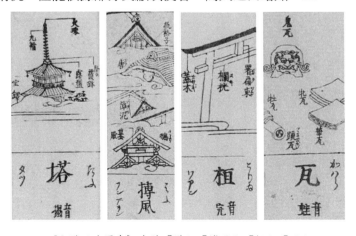

《和漢三才圖會》中的「塔」、「搏風」、「桓」、「瓦」

第二節 《和漢三才圖會》對《本草綱目》載圖的辨析與調整

　　第五章第一、第二節，我們用了較大篇幅，詳細辨析了寺島良安《和漢三才圖會》在文獻方面對《本草綱目》的借鑒、吸收、刪補與修正。本節主要論述寺島良安對《本草綱目》所涉諸本草藥圖的借鑒及修正。

　　《本草綱目》首版胡承龍金陵刻本問世數年，即隨商船海舶遠渡日本，在長崎地區上岸之後，隨即得到日本德川幕府及當時著名學者的高度重視，德川家康置於榻旁，成為「神君御前本」，林羅山、曲直瀨玄朔等皆精研此書，而松下見林、貝原篤信還重新校正刊印此本，篤信還據此編纂了《大和本草》、《筑前土產志》等作品，京都學派稻生若水的《庶物類纂》、小野蘭山《本草綱目啓蒙》、岩崎灌園《本草圖譜》等作品，更是《本草綱目》影響之下的產物。在江戶時代漢方醫學的發展高潮之中，注重目驗實效的寺島良安及《和漢三才圖會》也是此股潮流中的重要產物。

　　如前所述，《和漢三才圖會》「人部」、「地部」中，共計有二十二卷內容參考李時珍的《本草綱目》，可見《本草綱目》對寺島良安及日本漢學界、醫學界的巨大影響力。在此，我們還是以金陵刻本《本草綱目》為基準，詳細梳理并總結寺島良安《和漢三才圖會》藥圖的有關特點：

一、《本綱》、《和漢》條目載圖物理形狀、展現形式有明顯不同

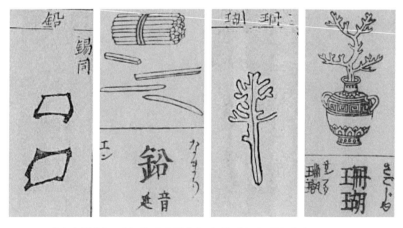

《三才圖會》、《和漢三才圖會》中的「鉛」、「珊瑚」〔註21〕

〔註21〕本部分所選圖版，均採用前《三才圖會》、後《和漢三才圖會》兩兩對照的排列方式。《和漢三才圖畫》所選之圖，均有假名注音，以茲區分。下同。

　　《本綱》「鉛」重形狀，爲方塊；而《和漢》圖版，則展示爲長條之狀，且綁縛爲一捆。另外，《本綱》鉛、錫置於一圖，表明形狀相同之意，而《和漢》分置兩處，形狀更不相同，值得注意。兩書所載「珊瑚」、「瑯玕」條，《本綱》展現條枝形狀，當爲局部示意；另外，兩物近似，估計李時珍或當時刻工未見實物，僅爲臨摹。《和漢》則爲盆景之狀，形狀質地有明顯差別，更多體現日本漢學所具博物學、博覽學的特徵。

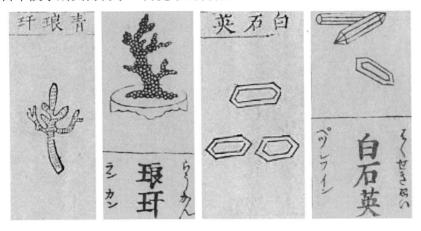

《三才圖會》、《和漢三才圖會》中的「青瑯玕」、「白石英」

二、同中有異、《和漢三才圖會》細節展示更清晰

　　兩書皆有「石英」，《本綱》僅具粗形，但主要特徵仍很明顯；《和漢》卷六十將石英的形狀、肌理完整表現，將「六面如削，白澈有光」的主要特徵更加形象地展示出來。《和漢》卷九十二本「甘草」條，爲甘草植物形狀，圖上半部則特別展示甘草根部形狀，以便觀察和區分；《本綱》則僅爲甘草根株形狀，對於藥用部位等沒有標識。《和漢》同卷中「黃耆」、「人參」、「沙參」、「桔梗」、「天麻」皆如此展示。而「桔梗」圖中，還詳細展示全株以及根、莖、葉三圖形狀，更便於識別。《和漢》卷一〇三「豇豆」條中，與《本綱》相同，載有豇豆的枝、幹、葉、果之形，相較於《本綱》的長條狀果實，易與刀豆等混淆，寺島良安圖版特別展示了豆莢細長繩狀、中藏豆粒、鼓起圓潤的特點，非常形象，容易辨識。《和漢》卷九十三「高良薑」、「白豆蔻」、「縮砂密」、「益智」、「補骨脂」、「蓬莪」等條目圖版中，皆仔細展示果實形狀，以便於選藥時鑒別使用。

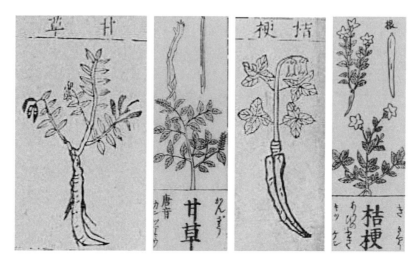

《三才圖會》、《和漢三才圖會》中的「甘草」、「桔梗」

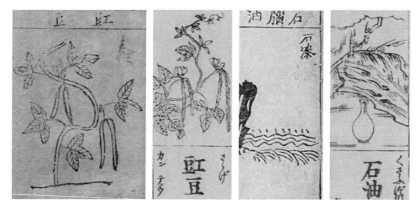

《三才圖會》、《和漢三才圖會》中的「豇豆」、「石腦油」（石油）

三、增加背景、細部及對比圖版展示，圖像傳遞信息更完整

　　兩書皆有「石油」條，《本綱》又標識「石漆」字樣，圖版則是石邊液體流出、湧動之狀。《和漢》雖然也展示山澗石油流淌的場景，瓶裝石油更是展示寺島良安「與泉水相雜，汪汪而出……挹如缶中，多取之燃燈，甚明」的特徵。同卷「砥」條，《本綱》僅爲石頭形狀，無從得知特性；《和漢》則三圖並出，礪、砥並列，石下之木枕座一併畫出，與走街串巷磨刀爲生的匠人所持磨刀石完全相同。當下上海的街巷仍然有這樣的手工藝人，爲民眾磨刀、磨剪；不過，從業者幾乎全部是老年人，無一年輕人跟隨，在現代化、機械化、自動化的大潮之下，這一行當與傳統農業方式、工具等一樣，註定被歷史所淘汰，令人慨歎。

　　《和漢》卷九十二本「遠志」條，除全株形狀外，特別展示大葉、小葉的細微差別，并特別列出根部圖，以示重要。《和漢》卷九十二末「黃芩」條，除本株外，詳細列舉條、片、枯芩等中藥炮製工藝、切片狀態下的形狀。《和漢》卷九十三「廉薑」條，與《本綱》相同，皆錄全株之形，但《和漢》所載圖版，還列有遠山、溪谷，觀之令人興味盎然。同卷「當歸」條，除全株形狀外，單獨列出馬尾當歸、蠶頭當歸根株的細微差別，便於臨床用藥的鑒別與使用。

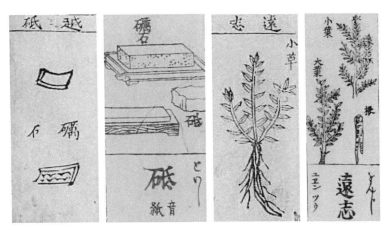

《三才圖會》、《和漢三才圖會》中的「砥」、「遠志」

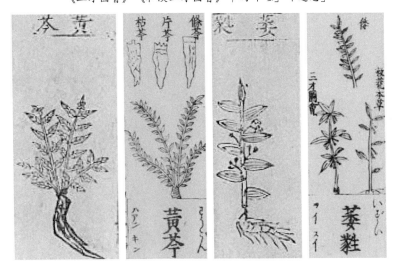

《三才圖會》、《和漢三才圖會》中的「黃芩」、「葳蕤」

四、同一藥物，注重展示不同本草作品、不同產地甚至日本不同區域產品的細微差別，亦體現《和漢三才圖會》後出轉精的特色

《本綱》載「葳蕤」圖，爲植物完整株形的示意；《和漢》則將《三才圖會》、《救荒本草》二書所繪，皆匯集、摹刻於此，還特別展示日本產葳蕤的細部圖版，以便於臨床治療、用藥的細加區別、準確使用。「白朮」條，《和漢》列有全株形狀，更載狗頭、歈、雲頭三朮的細部特點，以提醒醫者用藥時，需要加以區分。

寺島良安「白鮮皮」條，除載《三才圖會》圖之外，著重列出《本草必讀》所載之圖，三圖對照，其株形差別、鑒別要點一目了然。「細辛」條，寺島良安還畫出西細辛、遼細辛的差別之處。《和漢》卷九十三「荊三稜」條中，與《本綱》相同，載有全株三稜形狀。雖然《本綱》列出京、石兩種三稜全株形狀，更加齊全，但寺島良安則通過對比的方式，單獨列出荊三稜、黑三稜、草三稜、石三稜四種三稜根部的細微差別。相較而言，《和漢》所載圖版重點突出、便於區分、更勝一籌，體現後出轉精的主要特色。

《和漢》卷九十九有「蕪菁」條與《本綱》蔓菁相同，《本綱》列出全株圖形，特別勾畫出肥美根部的形狀，令人印象深刻；《和漢》與此相同，但特別展示日本江戶、江東地區所產有關蕪菁及根部果實的不同之處。相對《本綱》而言，《和漢》「野蜀葵」條，分別列出嫩葉、老葉全株之狀，還特別將明代著名科學家徐光啓《農政全書》所載圖版引入，以示比較，便於臨床使用。除上述條目外，《和漢》所載「狗脊」、「貫眾」、「白及」、「防風」、「山慈菇」、「馬蘭」等條目版圖皆如此。

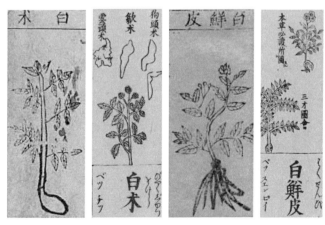

《三才圖會》、《和漢三才圖會》中的「白朮」、「白鮮皮」

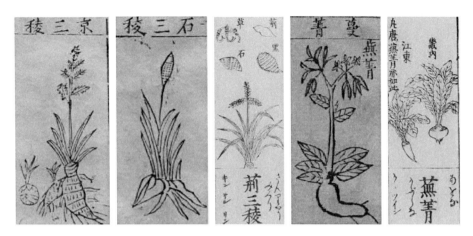

《三才圖會》、《和漢三才圖會》中的「三稜」、「蔓菁」（蕪菁）

第八章 《三才圖會》的影響與價值

第一節 《古今圖書集成》對《三才圖會》的借鑒與改造

　　《三才圖會》刊行之後，對章潢《圖書編》編纂是否有影響尚不得而知，或者《三才圖會》與《圖書編》編纂時間相當，王、章二人皆未得見對方作品，而由個人獨立完成。但是，《三才圖會》對寺島良安《和漢三才圖會》的編纂，則有著實實在在的直接影響。

　　除此之外，與《和漢三才圖會》成書時間較爲接近、由清人陳夢雷等編纂的大型類書《古今圖書集成》〔註1〕，則有直接參考《三才圖會》的證據。陳氏編纂此書時，不僅僅參考、借鑒《三才圖會》，而且是大段引用王圻之書；陳氏《集成》所載圖版，也存在據以直接摹刻、影刻的情況〔註2〕。另外，陳氏是否參考或借鑒《圖書編》，尚需進一步分析探討，此處不再論述。

　　第一章我們曾簡單總結提到，《集成》一書引介《三才圖會》圖文部分，約有近七百處，主要集中於明倫、博物、理學、方輿、經濟等「彙編」中人事、藝術、山川、邊裔、神異、禽蟲、草木、考工、曆法、歲功、禮儀、樂律、戎政、經籍各「典」，多直接照錄《三才圖會》原文、臨摹影寫《圖會》之圖。下面我們結合具體案例，加以分析。首先分析并總結《集成》對《三才圖會》版畫插圖的借鑒利用。

〔註 1〕下簡稱「集成」。
〔註 2〕當然，陳夢雷參考《圖書編》之處亦多，容後再做探討。

一、圖版相同，或者版畫版式略作調整、圖文分置者

《集成》一書多有全部源自《三才圖會》的情況。如《理學彙編・文學典》卷二百四五「詩餘圖譜」上、中、下三部分，皆源自《三才圖會》一書，沒有做調整或刪減，直接納入《集成》之中。另外，《集成》雖借鑒《三才圖會》，也非全部直接照搬，而是做了諸多調整。如《經濟彙編・考工典》卷十一「規矩準繩部匯考」、卷十三中「度量權衡部匯考」、卷一百六十、一百六十一「儀仗部匯考」、卷二百十八「機杼部匯考」等卷次，皆有大量直接選自《三才圖會》的圖版與內容，限於篇幅不再集中論述。

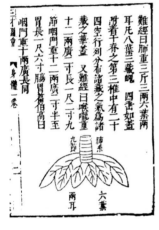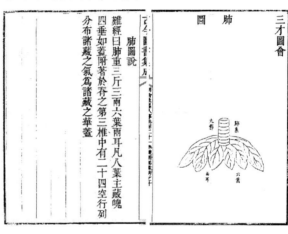

《三才圖會・肺》　　　　　　　　《古今圖書集成・肺圖》及《肺圖說》

另外，還有圖版保留、圖中注文另起一頁安置者。如《明倫彙編・人事典》卷二十一「肺」部分，陳夢雷將王圻原圖影刻載入，圖版刻畫逼真，連肺部上之諸節氣管節也原樣描摹。不過，陳氏將《三才圖會》圖版上《難經》之文刪掉，另刻「肺圖說」之版，另頁配置，眉目更加清晰。陳氏《肺神圖》等，也幾乎原樣複製《三才圖會》圖版。又如《方輿彙編・邊裔典》卷四十一「扶桑國」條，《集成》引述《山海經》、《十洲記》等文獻說明扶桑國情況，圖版部分則明顯為《三才圖會》的翻刻版，只是鹿身、人飾、髮型、物品等細部表現，更加清晰可觀。同卷「文身國」圖，卷五十六「波斯國」圖（《三才圖會》作「波廝國」），卷八十七「木蘭皮國」圖，卷九十七「爪哇國」圖，卷一百「大琉球國」、「小琉球國」，《博物彙編・禽蟲典》卷十「天鵝」、「海東青」等等，皆與《三才圖會》所載圖版完全相同。

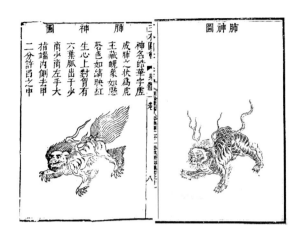

《三才圖會》、《集成》「肺神」圖　　　　　　　《古今圖書集成·西王母》

　　《集成·博物彙編·神異典》卷二十九「西王母」圖，則直接註明「此圖據《三才圖會》」，屬於原圖翻刻納入；卷三十二「月將」；《經濟彙編·禮儀典》卷三百三十三「儒巾」、三百三十六「襴衫」；《經濟彙編·樂律典》卷九十八「金錞于」、九十九「金鐃」、一百「金鐸」、「木鐸」等圖版之中，明確標識「三才圖會」或「王圻《三才圖會》」字樣，也屬於直接翻刻，收入《集成》之中；此類典型例證極多，不再列舉。

　　整體來看，《集成》收入《三才圖會》原圖者，多分佈於《圖會》「儀制」、「衣服」、「器用」、「草木」、「鳥獸」以及「人物」等卷目之中。因上述所涉及服飾、儀制、器物、本草等等，並不因改朝換代而明顯改變，這是值得注意的地方。

《三才圖會》、《集成》所載《扶桑國》

二、圖版佈局相似、線條描繪或圖版背景略有差異者

　　《集成・方輿彙編・山川典》卷九「十三山」條與《三才圖會》相同條目，皆詳載「十三山」之圖。如果仔細觀察一下圖版，我們會注意到《三才圖會》之圖，線條、佈景、描繪等方面均略顯簡單。相較《三才圖會》的半頁插圖，《集成》則變爲一整頁完整圖版，遠山、近景、人物、姿態、民居、館社更加細緻入微，代入感很強。不過，仔細觀察兩書圖版的佈局、場景，特別是民居格局、民居附近人物動作、活動、分佈等方面場景，仍能看到《集成》借鑒《三才圖會》的影子。

《三才圖會》、《集成》所載之《十三山圖》

　　又如《集成・方輿彙編・邊裔典》卷四十一與《三才圖會・人物卷十四》皆有「小人國」條及圖版。仔細觀察兩圖，我們注意到畫中小人衣著、髮飾、赤裸上身、人像分佈，甚至動作、神情都是大致相同的，只是《集成》圖中，列出海上日升的背景，以表明小人國位居島上、氣溫較高、衣著較少、髮髻高盤的情況。畫中觀察摔跤的小人的動作、姿態也略有差異，惟妙惟肖，繪聲繪色，令人忍俊不禁。卷四十二「女人國」條與「小人國」相同，此處僅列出圖版，讀者可自行比對。又如《集成・經濟彙編・禮儀典》卷八十載「襲含哭位圖」，陳夢雷等編纂者圖版略作調整，仍準確無誤；另外，引述《三才圖會》之文，并將末尾「今列爲圖正之」刪掉，語義仍完整無誤。

《三才圖會》、《集成》所載之《小人國》、《女人國》

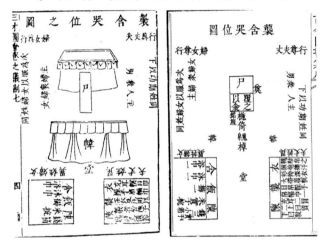

《三才圖會》、《集成》所載之《襲含哭位圖》

三、抽換圖版、引用文字保留者

　　《集成・方輿彙編・山川典》卷九「醫巫閭山」條，陳夢雷在編纂《集成》時，「醫巫閭山」文字考證的「按語」部分，全文選自《圖會・地理卷八》條目之文，但圖版完全撤換掉。仔細分析如下兩個圖版，我們注意到：陳夢雷編繪之圖，更加宏觀、更加細緻。醫巫閭諸山脈中，各個山峰之名皆加標註，《三才圖會》則顯得簡單疏漏。另外，陳夢雷還在圖版中，繪製廣寧縣城等城郭示意圖，繪製地藏寺、東嶽廟、玉皇廟等寺廟地點示意圖，這的確屬於後出轉精的作品。另外，兩書「蓬萊山」之圖則明顯差別，《三才圖會》描述的是仙山蓬萊，與煙臺下屬蓬萊市之蓬萊山、蓬萊閣完全不同；相較而言，陳夢雷《集成》中的蓬萊山，則在神話仙山之外，有現實中蓬萊山的影子。存疑待考。

《三才圖會》、《集成》所載之《醫巫閭山圖》

四、《集成》之圖遜色於《三才圖會》所收之圖者

這一方面，也有一些例證可供參考。如《集成·方輿彙編·山川典》卷四十一「恆山」條，《集成》所載「恆山」圖，雖然描繪更加細緻，線條更加豐富，畫面層次感更強；相對而言，《三才圖會》中所標識的山峰名稱、漳河示意以及作爲宏觀背景的「五臺山」、「太行山」等遠山，則全部刪除，這是《集成》美中不足的地方。

《三才圖會》、《集成》所載之《恆山圖》

雖然本章主要分析版畫插圖的情況，我們還是需要順帶梳理并分析《集成》轉引或節引《三才圖會》文字方面的有關情況，以備查考。

首先，存在陳夢雷《集成》刪除有關圖版而文字部分全文轉引者。如《明倫彙編·人事典》卷一百九《養生部匯考一》部分，全文選載《三才圖會·

人事十》中「叩齒集神法」、「搖天柱法」、「舌攪漱咽法」、「摩腎堂法」、「單關轆轤法」等重要篇章。不過，將《三才圖會》原載圖版全部刪削殆盡，僅錄全部文字，從形象性、習得性、觀賞性等角度則大打折扣，這是值得注意的地方。陳夢雷《集成》中全文轉引的情況極多，此處不再舉例說明，讀者可自行參閱有關卷次中所錄內容。

其次，存在《集成》刪除有關圖版，文字部分非全文收錄而是總括、刪減或更正者。如《集成·理學彙編·字學典》卷一百一「李陽冰」部分，除引述《述書賦》、《唐國史補》、《金壺記》、《金石錄》等作品外，特別在「按語」中有「張旭傳之李陽冰，陽冰傳徐浩、顏眞卿、鄔彤、韋玩、崔邈」之論。據此，陳夢雷不僅參考了《三才圖會·人事》卷四《衍極書法傳流之圖》，還據文獻資料及歷史事實，做了新的闡釋。《集成》中此類文字節引或總括的例子還有很多，此處亦不再說明。

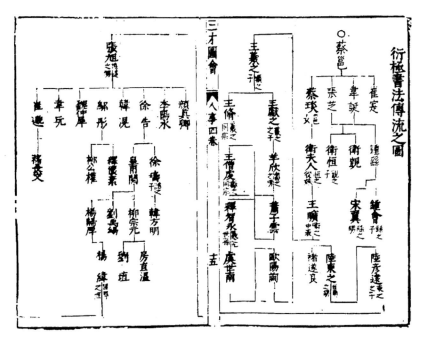

《三才圖會·衍極書法傳流之圖》

整體來看，陳夢雷編纂的《古今圖書集成》參考與吸收《三才圖會》圖文內容較多。從文字等角度來看，轉引皆首尾完整，錯訛處較少，即使是有簡單刪改、增補之處，數量也極少，仍以尊重并採納原文爲主。

如上文所述，《集成》採擷《三才圖會》圖版的情況較爲複雜，除個別情況遜色於《三才圖會》版畫之外，《集成》編纂者、抄寫者、刻版者通力合作，靈活採用版式調整、圖文分置、抽換圖版、精工細描、添加背景等諸多處理方式，所載絕大部分圖版更加清晰工整，線條流暢繁複，圖版背景多元，構圖更加合理，層次更加豐富〔註3〕。

總之，《集成》參考《三才圖會》之處頗多，文字部分校勘嚴謹，圖版部分處理方式多樣，版畫呈現方式各異，刻工版刻精細傳神，版式疏朗大方，就採納部分來說，整體上超過了《三才圖會》的編纂與刻畫水平，值得重視。

第二節 《格致鏡原》對《三才圖會》的採擷借鑒及出現的新訛誤

《格致鏡原》爲清代康熙年間陳元龍編纂的一部大型類書，一百卷，共分乾象、坤輿等三十類，類下分目，共計八八六目，匯輯古籍中有關博物、工藝等方面的論述，廣泛涉及天文、地理、建築、器用、動植物等，採擷極博，體例井然，是研究我國古代科學技術、文化史、文獻學及圖書編纂史方面的重要參考作品。陳氏編纂此書時，《三才圖會》是重要參考作品，部分內容則直接引自《圖會·器用》卷五至卷十一等部分，下面略作分析。

根據我們的初步分析，《格致鏡原》採擷《三才圖會》文本主要集中於卷二、十、四十六、四十八、八十四及八十七等卷次。其中，卷四十八節爲《耕織器物類》，此卷參考引用《三才圖會·器用》卷十、十一等部分，達到二十三處。又，陳氏作品幾乎不載諸圖，因此參考《圖會》也多以轉引文獻爲主。其使用《三才》文獻的主要情況與特徵如下：

〔註3〕與《集成》版畫更加優秀相同，筆者曾核對過《圖書編》的明代刻本與清文淵閣四庫全書本，以兩版本所載插圖版畫爲例，注意到文淵閣本後出轉精、描畫細緻、線條豐富、層次感強的優點。《集成》及文淵閣四庫全書本《圖書編》皆有官方資助的強大後盾，版畫更精緻，亦屬順利成章；相對來說，《三才圖會》及明代版本的《圖書編》多屬個人或小團體加工運作，多屬商業行爲，最多也就是有某一地方大員的重視、贊助或支持，其版刻水平不可同日而語。

一、《格致鏡原》首列《圖會》之文，次引他文，或者全文引用，以示《圖會》的重要文獻價值

陳氏《格致鏡原》卷四十八「叉」條，將《三才圖會》全文直接搬運過來，以爲闡釋。同卷「蠶架」、「蠶網」全部文字皆爲《圖會》本文，可見其重要程度。卷八十七「獸類六・犬」中的「詳類」，首先列明《圖會》中犬分三種的重要觀點，隨後引《爾雅》、《尸子》、《格物總論》、《東軒筆錄》等作品，繼續申述犬的詳細種類。例多不再俱引。

二、《格致鏡原》刪繁就簡，多爲節引，以存史實的核心內容

如《格致鏡原》卷四十八「捲筵」條，陳氏「淮民用蜀黍梢莖，取其長而滑，今他處多用無節竹條代之……」等文字，皆源自《三才圖會》，但刪除末尾「皆捲筵致效也」六字，使得文字更加簡潔。同卷「蠶筐」條，陳氏節引《圖會》文字，刪掉「古盛幣竹器」、「形制相類」等背景知識，梅聖俞《前蠶箔詩》等引文及辨析，亦加刪除。則文字更加清晰明了，便於觀覽。

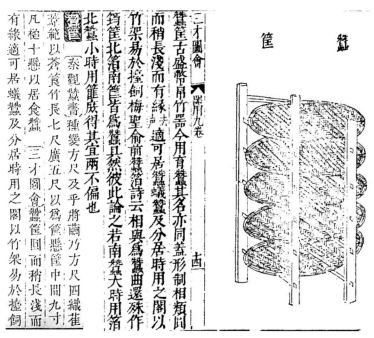

《格致鏡原》、《三才圖會》「蠶筐」

三、《格致鏡原》存在二次轉引《三才圖會》的情況

如《格致鏡原》卷四十六「箜篌」條，非引王圻原文，而引用曾益《昌谷集注》對《三才圖會》所載箜篌之圖的辨析，其文曰：「《三才圖會・器用》圖箜篌，似瑟而小，首尾翹，上首刻如猴狀，虛其中，下以兩架承之。用兩手撥彈，即臥箜篌也。豈箜篌，又空猴之誤歟？」引錄於此，以備參考。

四、《格致鏡原》轉引《圖會》之文，雜於諸多文獻之中，以廣見聞，但有刪減未當的情況

如卷四十八「枚」條，陳氏首先引用《玉篇》、《正韻》、《事物原始》等文獻，界定字義及門類歸屬。隨後引用《三才圖會》之文，詳細說明材質、功用及與其他工具的區別；不過，《三才圖會》此條起首位置文曰：「臿屬，但其首方闊，柄無短拐，此與鍬臿異也。」其中，描述了枚的種類歸屬、形制特徵及與鍬的區別，陳氏刪除後，信息不完備，容易引起歧義。卷八十四「獸類三・馬」中的「總論」，也引用《圖會》關於馬為「火獸」、「馬疾則臥」等生理特徵。

五、《格致鏡原》全部轉引《三才圖會》，但校勘不嚴，出現新的訛脫或錯誤

如《格致鏡原》卷四十八「長鑱」條，陳氏書中提到的《杜甫同谷歌》及引文，全部源自《三才圖會》，陳氏並未目驗杜甫有關集子。不僅如此，陳氏引《三才圖會》非常不嚴謹，出現文意混淆、難以理解等抄寫或刊刻方面的新錯誤。關於長鑱，《三才圖會》定位為「踏田器」，陳氏予以刪除。「柄偃而曲，上有橫木」之文，《三才圖會》原作「柄長三尺餘，後偃而曲，上有橫木」，陳氏刪掉尺寸，將長鑱後偃而曲改為「柄偃而曲」，表達有誤。「其入土」，《三才》原作「入鋒入土」，陳氏刪除不當，缺失主語，無法確認長鑱哪一部位入土發揮作用。除此之外，陳氏還刪掉長鑱可代耙等農具、比钁等省力等功能方面的重要描述。

又如「田盪」條，「他浪切。均泥田器也……則易為秧蒔」等小字注文、正文全源自《三才圖會》，不過，陳氏誤將「又」字訛為「丫」字；「又」通「杈」，一種揀選稻草的工具，筆者小時候農忙時常見常用的揀禾農具，訛為「丫」的話，則語義文意全錯，不倫不類，值得注意。

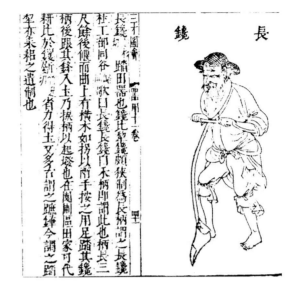

《格致鏡原·長鑱》　　　　　《三才圖會·長鑱》

六、《格致鏡原》將王氏《三才圖會》文字拆分，變爲參閱多種文獻，以現陳氏參閱之廣

如卷四十八「筥」（即「囤」字或體）條，陳氏所引《集韻》、《說文》等皆爲王氏《圖會》原文，陳氏一拆爲三，讓人無從知曉陳氏參閱文獻的種類。不過，《急就章注》、《淮南子》等，爲陳氏參閱他書，匯集於此，不當與王氏《圖會》混淆。又，同卷「耮」條，陳氏全部採自《圖會》，但僅在「無齒耙」三字前注明《圖會》字樣，而《齊民要術》及《注》等處，只是列明書名，文獻節引亦有不當，將部分重要信息刪掉，讓人無從得知陳氏僅參考《圖會》，還是參考多種作品，匯集而成。

七、《格致鏡原》引述多有訛脫、竄亂，存在將兩物之文混入一處者

如卷四十八「平板」條，陳氏在引述《三才圖會·器用》卷十一相關文字時，出現新的訛誤。「平板，平摩種秧泥田器也……或人拖之摩田，須平方可受種」皆爲《三才圖會》原文，但隨後「田家或有仰坐橇代之者。輥軸，輥碾草禾之器也」等文字，有明顯錯訛。「田家或有仰坐橇代之者」尚未得知引述何書何文，但「輥軸，輥碾草禾之器也」之文，明顯是《三才圖會》「平板」之後「輥軸」條目的起首文字，陳氏編纂過程中混置一處，非常粗心。

整體來看，如《格致鏡原》書名所示，陳氏編纂此部類書，僅關注和採擷《三才圖會》一書所收諸文，圖版部分則全部捨棄不錄，這也是由《鏡原》一書體例所限而採取的方法。陳氏選錄諸文中，錯訛脫漏之處較多，說明編纂過程中抄寫、校勘、印刷等方面均存在較多問題。

第三節　《三才圖會》在現代社會的價值及其遭遇

鑒於《三才圖會》的巨大影響力，此書首版印行之後，隨即在社會上廣泛傳播，影響力不斷擴大，明末以及有清一代，都有或文字轉引，或圖版借用，或重新編纂，或增補繪圖。除中國之外，朝鮮、日本等國都有《三才圖會》傳播、收藏、參閱甚至是借鑒、節引、改編的記錄。由此可見，王圻此書一直在東亞文化圈中發揮著巨大的影響力。

二十世紀以來，特別是建國以後各個時期，各類學術或休閒雜誌、童蒙讀本、中小學及大學教材、科普讀物、休閒文章等等，更是在《三才圖會》編繪的六千多幅版畫的藝術海洋中，大量選圖、截圖、編圖、用圖，更是不斷發揮著《三才圖會》在現當代社會的影響力。限於精力我們不再一一舉例列舉，如果你對《三才圖會》一書較為熟悉，翻閱上述各類文章材料時，一定會經常看到非常熟悉的版刻插圖映入眼簾。

祇是，深感可惜的地方在於：雖然絕大部分編者、學者、教師、作家大量採用了《三才圖會》書中圖版，不知出於何種原因，他們絕大部分都有意或無意地闕載出處，讓王氏《三才圖會》這部大著，一直沉於歷史長河或圖書館故紙堆中，令人倍覺傷感。以筆者所在復旦大學圖書館所藏上海古籍出版社八十年代影印本《三才圖會》為例，此書八九十年代除個別學者、教授曾翻閱參考、新進有部分師生翻覽之外，還是乏人問津，圖書塵埃遍佈，紙黃書殘，令人心疼；同樣，復旦大學圖書館古籍部所藏《三才圖會》的清代刻本，借閱人數亦少。

因此，為明代文獻大家、版畫大家王圻翻案、鳴不平，進一步擴大《三才圖會》的影響力，進一步挖掘《圖會》版畫的文獻價值與藝術魅力，這也是筆者撰著此書的出發點、落腳點及主要動力。

第九章 結 語

通過上述八章的研究，本書的主要內容及創新之處概述如下：

一、王圻《三才圖會》，一〇八卷，刊刻於明萬曆三十七年（公元 1609年）。此書以天、地、人「三才」爲綱，將歷代關於天、地、人、事、物的知識匯集一處，包括天文、曆法、地理、山川，還有人的衣、食、住、行、用，以鳥獸、蟲魚、草木殿後。特別值得一提的是，《三才圖會》收錄各類插圖版畫、示意圖、表格等，共計有六一二五幅，是中國圖書刊刻史上版畫數量最大、內容最繁複、類型最廣泛、版式最多樣、體量最宏大的作品，值得學術界、藝術界、讀書界多多關注。

寺島良安《和漢三才圖會》，又名《倭漢三才圖會》，一〇九卷，刊刻於日本正德三年（公元 1713 年，清康熙五十二年）。寺島良安以王圻《三才圖會》爲藍本，按照天、人、地之序，統編全書。卷一至卷六爲天部，圖繪天象、星宿、時令、節氣、曆法、占卜；卷七至卷五十四爲人部，編繪中國、日本、朝鮮的土地、山脈、江河、礦物；卷五十五至卷一〇五爲地部，繪圖介紹中國、琉球、日本的行政區劃、城市、山川、佛寺、神廟以及草木、穀稻、果菜等。引述中國文獻的同時，注重實地考察，記錄行醫經驗，採用對比方法，記載日本列島有關物產的現狀及特色。《和漢三才圖會》一書，編繪版畫插圖三七〇四幅，數量雖不及《三才圖會》，但圖中充分展現江戶時代日本人的服飾、髮髻、建築、街區、民俗及生活場景，堪稱古代日本的「圖海」。

二、王圻博聞強識，筆耕不輟，老而彌堅，《續文獻通考》、《稗史類編》、《兩浙鹺志》、《謚法通考》、《三才圖會》等是體量巨大、內容繁複、插圖繁多的大型作品。《三才圖會》主要特點如下：插圖眾多，編纂精美，堪稱「圖

譜」類書經典範例；插圖清爽，內容廣博，形式多樣，堪稱中國古代版畫精
品傑作；採擷廣博，圖文並茂，堪稱晚明「百科全書」；影響深遠，遠播海外，
海內外多有收藏及仿作。

　　《三才圖會》一書，是圖爲主、文爲輔、圖文一體的圖譜類書的集大成
者，與章潢《圖書編》、陳夢雷《古今圖書集成》等，共同成爲中國圖譜類書
中的典範作品；所載的六一二五幅版畫插圖、示意圖表，數量巨大，內容繁
複，形式多樣，體例各異，版式新穎，線條流暢，印刷精美，更是中國版畫
史體量最大、最豐富多彩的獨部版畫著作，本研究第一次詳盡、全面和完整
地統計與分析《三才圖會》的插圖版畫情況，糾正了諸多錯誤說法，得到學
界的一些引證和認可。

　　三、《和漢三才圖會》爲日本最爲著名的「圖譜類書」，與王圻《三才圖
會》堪稱「圖譜類書」雙璧。其特色與價值如下：《和漢三才圖會》擁有插圖
（表格）三七〇四幅。版畫插圖，數量巨大，刊刻精審，線條流暢，眉目清爽，
層次清晰，深有特色。此書是日本江戶時代人物、民俗、文化各類百科知識
的彙聚。此書是東亞文化圈下日本古代物質史、精神史的集中體現。《和漢三
才圖會》全面展現「江戶漢學」巨大成就，堪稱中日文化交流盛況之縮影。
本研究第一次詳細列表統計《和漢三才圖會》插圖版畫的數量。

　　《和漢三才圖會》一書，充分借鑑《三才圖會》，蒐羅廣泛，編排合理，
更新體例，取去精審，圖文並茂，收錄醫案，校勘細緻，注重比較，創新眾
多，在日本廣爲流傳，影響巨大，值得校勘整理後提供至學術界參考使用。

　　四、《三才圖會‧地理》部分共十六卷，篇幅較大，圖版有八百餘幅。王
氏按照輿圖、山水、景致、疆域、田制等次序編排成文。主要特點如下：《山
海輿地全圖》、《華夷一統圖》等「全圖」與明代兩京、十三省「省圖」同載；
「邊鎮」與「海疆」並舉；「山川」與「景觀」爲主；中華爲主，方外爲輔；
「城市圖」、「疆域圖」等深有特色；風水堪輿諸圖殿後：完整、準確體現了
明代輿圖製作、歷史地理學的最高成就。

　　《和漢三才圖會》所載「中華地理」部分，特點如下：寺島良安列《華
夷一統圖》，此圖來源暫不可考。與《三才圖會》此圖相比，方向標示、「黃
河源」有無、「惠州」下「香山」字樣、「八百大甸」與「八百媳婦」分行、「甘
州」「肅州」與「甘」「肅」、「金原」衛有無、地名字體、海洋波浪紋等方面，
略有差異。寺島良安此書，列「北京省」、「南京省」，我們一般稱之爲「兩京」，

《三才圖會》則稱之為「順天京城」、「應天京城」。十三省部分，記述順序如下：山東、山西、河南、陝西、湖廣、江西、浙江、福建、廣東、廣西、貴州、四川、雲南，與《三才圖會》不同。

五、《和漢三才圖會》依照地理位置自東北向西南的原則，而非「五畿七道」的順序，備載日本的六十八個律令國。良安按照先本州、次四國、次九州、最後壹岐島與對馬島的順序，敘述各律令國；佐渡、隱岐等島嶼亦隨本州相關位置之國，一併論述；志摩為本州地區半島，其與近旁伊勢、尾張、近江等同屬一卷。另外，寺島良安所生活的江戶時期，「蝦夷」（即今北海道）大部未歸附日本，而為獨立島國，因此將其與琉球、朝鮮等國並列；圖版右上角有「松前」之名，即蝦夷南部的松前藩，雖非日本律令國，但由江戶幕府認可「從五位下志摩守」松前矩廣等大名，加以管理，因此列入「松前」之名，而置於《日本國圖》之外。

此部分的主要價值如下：《大日本國之圖》與律令國分圖，體現了地質地理、地圖測繪、輿圖製作、地方行政制度與管理史等多方面的諸多進展，是日本歷史地理學的重要成就。自宏觀至微觀，自大至小，備載各類地圖，對於復原日本列島歷史場景、地理特徵、行政管理情況，具有重要意義。傳文部分所載各類人物，具有重要歷史與文獻價值，可供歷史、科學、文化、文學、藝術、宗教等多個學科的參考和使用。

六、兩部《三才圖會》「宅室」部分的版畫插圖，雕刻謹嚴，類型多樣，令人印象深刻；《三才圖會》載大量禮制、文教建築，深刻反映中華文化中禮儀、文教方面的獨特性質；《三才圖會》所載「官署」、「暴室」、「弩臺」、「郭」、「倉廩」以及「行馬」等建築或建築附屬物，亦反映了明朝政治、軍事、民俗、民生方面的獨特性；而《和漢三才圖會》所載居住、宗教類建築及建築細部、構件等，亦反映出日本江戶時代民俗生活、宗教信仰情況，仔細觀察版畫，江戶時代的歷史場景猶如攝影機或電影一樣，一幕幕展現在讀者面前；兩部《三才圖會》共載的諸多條目與版畫，亦反映出中日兩國文化、民俗方面重要差別。

七、兩部《三才圖會》有器物卷次，備載十六、十七世紀中日兩國農業、手工業、商業、交通、軍事、刑罰及日常飲食、起居、日用等各個方面的器物插圖，猶如萬花筒一般，全面展現當時日本歷史、文化的方方面面，比《天工開物》、《農政全書》收錄更全，插圖更美。寺島良安作品，還載日本獨有的農具。如「千斛筬」，此物功用同於「篩」、「籮」等物，但功效大增。

　　八、《三才圖會‧人物》像傳部分，共計十五卷，六八二幅。體例特殊，傳主量大，傳文龐雜，圖像豐富，我們可以從文獻學、史源學、肖像學、傳記學、相術等多種視角，加以觀照與探索，進行多種專題研究。此部分編纂特點如下：「人物」部分按照「帝王—名人→道統—傳經→釋道—域外」之序，即「人—經—教—夷」的編排思路，配置圖傳；「帝王」部分，尊正朔，述變統，道僭僞，體現明朝獨特的正統觀；「國朝」、「皇朝」人物圖傳，圖版並有淵源，傳文亦有所本，去取謹慎，據實記載；人物排列方式與傳文體例很有特色。

　　上述人物版畫中的肖像畫部分，借鑑歷代相面術的理論原則，除少部分有所本之外，多是參考文獻記載的想像之作，結合相術原則，其面像特徵緊扣歷史記載或文獻傳承中有關性情品德、踐行修爲等方面的線索信息，從而這些歷史人物像就出現諸多人物面貌相似、同一人物反而前後面貌有異的特點。版畫版式方面具有左文右圖、單頁二圖、單頁滿幅、圖傳合一等樣式。不管是肖像畫，還是人物畫，或者風俗畫，其造型特徵仍以強調人物，特別是人物頭部、面部特徵爲主；所有的肖像畫均爲正面線描，部分便服小像亦以正面取貌爲主，但釋道、域外人物畫中有斜側面描繪者。上述人物版畫的線條運用，不僅體現於輪廓，而是在版畫全圖上，綜合利用各種形態的線條，直至具有顏色、光景的效果。人物的面容、髮鬢、鬚眉、神情，衣服的質料、色澤、圖案，帽冠的造型、圖案、紋飾等，以及動作、姿勢、形態、場景、背景等多個方面，皆通過線條的粗細、轉折、質感、力度、穿插以及組合展現出來。

　　《三才圖會》與《歷代古人像讚》、《新刻歷代聖賢像贊》等皆有淵源關係，王圻書中部分圖版，似以胡刻本《新刻歷代聖賢像贊》爲主要借鑑對象，並與弘治本《歷代古人像讚》核對，擇善而從。《三才圖會》中釋道諸像部分，以《仙佛奇蹤》、《繪圖三教源流搜神大全》爲主要採圖對象，並與元刻本《新編連像搜神廣記》、明萬曆年刻本《新刻出像增補搜神記》有明顯淵源關係，王氏父子是否直接參閱此「搜神廣記」、「搜神記」兩書，尚無法確定，存疑待考

　　九、兩部《三才圖會》「身體」圖傳部分，參考張介賓《類經圖翼》等插圖類經典中醫作品，門類齊備，架構合理；兩部《圖會》傳文部分，借鑑經典，詳略得宜，剪裁得當；兩部《三才圖會》圖版同中有異，值得重視；《和漢三才圖會‧經絡部》介紹經絡穴位時，所附「穴位細部」、「取穴示意」等

微圖版，具有重大價值；《三才圖會》卷七相術類圖傳，列於中醫各門類之後，雖顯突兀，亦屬「身體」範疇，體量適中，門類齊備，可以參考。

《三才圖會・人事》卷一有「鼓琴圖」三十四幅，似直接摹抄自《新刻文會堂琴譜》，與明刻本《太音大全集》、明楊掄輯《太古遺音》的關係如下：《太音大全集》面世最早，《新刻文會堂琴譜》多有參考，《三才圖會》亦有參閱；《太古遺音》淵源有自，亦爲明代流行《琴譜》的合編重刻，《新刻文會堂琴譜》刊刻時代與其相近，《三才圖會》多有參閱。

《三才圖會》所載「梅譜」部分，全部以王思義《香雪林集》所載《梅圖》、《畫梅圖訣》等卷圖傳爲基礎，採擷精華，重新編排，刊刻而成。而《三才圖會》梅譜編纂體例方面，又充分吸收宋伯仁《梅花喜神譜》的精髓，自「蓓蕾」、花苞（「小蕊」）、花蕊（「大蕊」）、花枝（「欲開」、「大開」、「爛漫」）的畫法、技法展示爲始，隨後則是以枝幹爲主、各式梅花圖的詳細羅列，有局部，有整體，有分解，有統合，充分吸收《梅花喜神譜》的精髓。

十、兩部《三才圖會》「本草」類部分，皆有篇幅巨大、門類齊全的特點。王圻雖未參考《本草綱目》，仍依照當時得見的《證類本草》、《本草圖經》等作品，做了力所能及、合理有效的分類、歸併、繪圖和闡釋；有關動植物分類中，兩部《三才圖會》大類相近，小類有異，《和漢三才圖會》有關條目，架構合理，分類準確，舉一反三，涉獵廣博；《和漢三才圖會》所載圖版，注重細部，注重比較；寺島良安考證與醫案具有重大價值；這進一步體現了作爲醫生醫官的寺島良安，在中藥學和臨床治療學的卓越貢獻。

《和漢三才圖會》對《本草綱目》載圖的辨析與調整，也是非常重要的一部分。整體來看，寺島良安《和漢三才圖會》條目的載圖，在物理形狀、展現形式有明顯不同，但更勝一籌；兩書部分圖版同中有異，但《和漢三才圖會》細節、細部展示更清晰、更完整；寺島良安藥圖增加背景、細部及對比圖版展示，圖像傳遞信息更完整；同一藥物，寺島良安注重展示不同本草作品、不同產地甚至日本不同區域產品的細微差別，亦體現《和漢三才圖會》後出轉精的特色。

十一、兩部《三才圖會》文獻溯源方面，王氏《三才圖會》文獻數量應該不超過三百種，雖然列有諸多書名、卷名、篇名，我們注意到，王氏父子並非直接參閱原始文獻，而是根據諸多二手文獻、類書或工具書中採集、彙編而成。如果按照四部分類法的話，引述文獻中，子部文獻佔據半壁江山，

其次是史部，而集部文獻最少，只有區區十餘種。據初步估計，引述各類文獻中，排名前十五名的作品分別是（按照作品首字拼音排序）：《重修宣和博古圖》、《爾雅翼》、《古今遊名山記》、《類經圖編》、《明會典》、《明集禮》、《明太祖實錄》、《明一統志》、《埤雅》、《詩餘圖譜》、《通志》、《王禎農書》、《五嶽游草》、《武經總要》、《證類本草》、《本草圖經》。其中，《詩餘圖譜》屬於全書轉引。

《和漢三才圖會》引述文獻數量當超過五百種。其中，排名前十五名的作品分別是（以文獻名目首字拼音排序）：《本草綱目》、《陳眉公秘笈》、《大明一統志》、《登壇必究》、《古今醫統》、《廣博物志》、《和名抄》、《農政全書》、《日本書紀》、《三才圖會》、《釋名》、《事物紀源》、《五雜組》、《續日本紀》、《字彙》。相對王氏作品，《和漢三才圖會》最大的特色在於書中引用并保存大量日本古文獻，典型的有《日本紀》、《續日本紀》、《日本後記》、《續日本後紀》、《日本三代實錄》、《和名抄》、《辨色立成》、《拾芥抄》以及《扶桑略記》、《新編鎌倉志》、《佐佐木家譜》、《羅山文集》、《紀貫之集》、《源氏物語》、《今昔物語》、《平家物語》、《枕草子》、《枕雙紙》等。另外，寺島良安還參考并引述《三國史記》、《東國通鑑》、《海東諸國記》等多種朝鮮古文獻。

上述引述文獻中，《本草綱目》具有極其重要的地位；良安還關注《廣博物志》、《陳眉公秘笈》、《五雜組》等博物類文獻；而良安在考辨器物名稱、特殊語詞時，《說文解字》、《爾雅》、《釋名》、《玉篇》、《字彙》、《唐韻》、《廣韻》等古代小學作品又是首先引述的作品。除此之外，大部分直接標示文獻名目與出處，這是此書優於《三才圖會》，體現出求實、謹慎、科學的態度，實屬難能可貴。

十二、《三才圖會》引述《王禎農書》、《籌海圖編》、《紀效新書》、《證類本草》、《本草圖經》等部分的分析，筆者主要從文字部分的異體字、異文、訛脫、衍文、增補、刪減等角度，從圖版的臨摹、替換、重刻、修正、調整、另畫、刪除圖內文字等方面入手，加以分析，進而推斷王氏父子所用有關文獻的版本情況。我們提到，《三才圖會》參閱《籌海圖編》所據版本，當爲嘉靖四十一年胡宗憲刻本；《紀效新書》則是萬曆二十三年周世選的十八卷刻本，而不是萬曆十六年李承勛十四卷刻本；《證類本草》應爲成化四年山東巡撫原傑翻刻元張存惠晦明軒刻本。

　　王氏在參考《證類本草》、《本草圖經》等作品時，文字部分的引述情況如下：徵引《證類本草》時，修正部分文字訛誤（或為《證類本草》無誤，文字可兩存的情況）；對《證類本草》文字做了合理、妥帖的刪減、剪裁，使正文簡約得當，便於閱讀；節選《證類本草》時，出現諸多錯訛、遺漏、衍文等疏漏，還出現剪裁失當、刪削不盡、體例不一的情況。另外，還出現如下三種變體格式：傳文中前半段《本草圖經》文中，插入其他文字，後半段則為《神農本草經》、《名醫別錄》之文；傳文中前半段為《本草圖經》之文中，後半段異名、氣味選自《神農本草經》、《名醫別錄》外，還選取其他材料；傳文全部採自蘇頌《本草圖經》。

　　十三、《和漢三才圖會》文獻部分，筆者也是從文字部分的異體字、異文、訛脫、衍文、增補、刪減等角度，從圖版的臨摹、替換、重刻、修正、調整、另畫、刪除圖內文字等方面入手，加以分析。

　　寺島良安引證《本草綱目》一書，主要採用了引用、刪減、化裁、編輯等方法，還開展了糾繆、補缺、比較、考證等重要研究工作，在《和漢三才圖會》中佔有極其重要地位，也主要體現寺島良安的學術品格及江戶漢學的主要特點。寺島良安《和漢三才圖會》中引述《本草綱目》者，主要集中在「人部」、「地部」之中，共計四十八卷，約佔《和漢三才圖會》總卷數的 44%，分量較重，體量亦大。共計引述《本草綱目》一三二六處，涉及各類本草一一二三種，約佔《本綱》總數一八九七種本草的五分之三。

　　宏觀層面上看，《和漢三才圖會》書中金屬、石玉、動植物等條目雖相對集中，與《本綱》編纂與排列原則不同，寺島良安按照天、人、地之序排列，金屬、石玉、動物等條目，主要集中在「人部」之末；草木、果蔬、穀豆等主要在「地部」之末。寺島良安相關卷目名稱，幾乎全採自《本草綱目》，但對少部分卷次、條目作了必要調整。如《本綱》「金石類」三卷，分載金、玉、石、鹵石四類，寺島良安則分成「金」、「玉石」、「雜石」三卷，有關條目亦作合理分割。《本綱》卷二十二至二十五為「穀部」，並細分為麻麥稻、稷粟、菽豆、造釀四部分，良安引用時，將前二者合一，菽豆、造釀則各列一卷，條目亦作歸類。《本綱》卷四十四為鱗部二，載「魚類」、「無鱗魚」，良安則根據島國日本的具體情況，有鱗、無鱗外，又各細分為河湖、江海兩個門類，以將《本綱》所載、日本獨有的各式魚類合理地分卷與歸類。

　　微觀層面上看，《和漢三才圖會》刪除《本綱》「釋名」、「集解」、「發明」、「附方」等條例標示，並將引文打亂重編；寺島良安參閱《本綱》時，做了合理的刪減、合併，甚至改寫。當然，百密一疏，《和漢三才圖會》引述《本綱》時，又出現一些羼亂、訛誤、疏漏、衍文、倒文、異文或刪減不當的地方。最後，通過研究《和漢三才圖會》有關文獻，我們也進一步印證了劉衡如、劉山永先生點校本《本草綱目》的重要價值和貢獻，同時還梳理、總結出劉校本存在的更正不當、或有疏漏的一些地方。

　　十四、《和漢三才圖會》引述《三才圖會》也是非常重要的一方面。經過統計，直接引用《三才圖會》者有三百餘處，分佈於全書大部分卷次。其中，卷十三「異國人物」、「外夷人物」兩卷，引《三才圖會》者有一六六處。寺島良安引述的主要特點如下：直接引述，未作刪改（或刪改極少，不影響語義），以存其實；將引文順序略作調整，以清眉目，有的還刪除圖表；對引文作較大幅度的增刪與校正，圖版內容亦作調整，以求文義妥當、圖文互映；引文中出現諸條合併一條、條目名稱亦作調整者；刪減《三才圖會》之處，出現文義含混、闕失，產生訛脫、衍文、錯簡、誤置等訛誤；《和漢三才圖會》引文中，還有《三才圖會》原文有誤、寺島良安改是者，或《三才圖會》無誤、良安引證時訛誤，或《和漢三才圖會》承《三才圖會》之誤者。

　　十五、插圖版式方面，《三才圖會》與《和漢三才圖會》共計九八二九幅的版畫插圖中，幾乎涵蓋了明清時期及日本江戶時代版畫的所有版式。具體而言，有上圖下文、上文下圖、上下兩圖、左文右圖、側文半圖、方格插圖、不規則插圖、半葉數圖、半葉滿幅、合頁連式、數頁橫卷、主副式、整體局部式、譜牒式、表格式、圖表混排式。而圖版款識部分，則包括圖名、標題（有橫排式、直排式、不規則）、題詩、傳文、注文等諸種類型。

　　十六、《古今圖書集成》引介《三才圖會》圖文部分，約有近七百處，主要集中於明倫、博物、理學、方輿、經濟等「彙編」中人事、藝術、山川、邊裔、神異、禽蟲、草木、考工、曆法、歲功、禮儀、樂律、戎政、經籍各「典」，多直接照錄《三才圖會》原文、臨摹影寫《圖會》之圖。其主要參考原則如下：兩書圖版基本相同，《集成》的版畫版式略作調整，出現圖文分置的情況；兩書圖版佈局相似，但《集成》線條描繪或圖版背景略有差異；《集成》有抽換圖版、引用文字保留的情況；《集成》之圖也有遜色於《三才圖會》版畫的情形。

　　十七、二十世紀以來，各類學術或休閒雜誌、童蒙讀本、中小學及大學教材、科普讀物、休閒文章等等，在《三才圖會》編繪的六千多幅版畫的藝術海洋中大量選圖、截圖、編圖、用圖，不過，這些使用或借鑒多不注明出處，令人遺憾。爲明代文獻大家、版畫大家王圻翻案、鳴不平，進一步擴大《三才圖會》的影響力，進一步挖掘《圖會》版畫的文獻價值與藝術魅力，這是筆者撰著此書的出發點、落腳點及主要動力。

　　總之，筆者以兩部《三才圖會》爲對象，用二十六萬多字的篇幅，八百六十餘幅插圖，採用了數據統計、分類對比、版本比較、文獻校勘、文獻溯源、版畫分析等多種研究方法，使用論列數據、廣列例證、細緻描述、注重描寫、注重總結的行文方式，詳細分析和梳理了兩部三才圖會的主要內容、版畫情況、文獻溯源、文獻參考、圖版調整、版畫風格等方面，得出了一些結論，可供學術界參考。因涉及面極廣，個人能力欠缺，駕馭力有限，部分善本文獻無法親自查看，本書仍以文獻學、文獻溯源、文獻比較的方法爲主；受制於文獻、資料難以寓目及藝術史研究方面的能力與欠缺，版畫插圖史、藝術學、藝術史、藝術風格、視覺藝術等方面分析較少，希望下一步有調整與修訂的可能。同樣，受制於上述主客觀方面的原因，在研究及寫作過程中，出現了一些語言乏味、論述拗口、例證較多、篇幅較長的情況，也祈請讀者諒解。筆者雖然盡力查閱了諸多文獻，參考諸多論述，翻閱諸多文章，此書稿必有諸多疏漏之處，敬請大方之家不吝正之。

附錄一 《三才圖會》細目、內容表 [註1]

部次	卷次	細目	內　容	備　　註
天文	一	天文	天文	天文總圖、太微垣圖、紫微垣圖、天市垣圖。
	二	天文	星宿	東方、北方、西方星宿圖。
	三	天文	星宿、星圖	南方星宿、星圖、分野圖、黃道宿度圖、宮次圖等。
	四	天文	星、日、月圖	五辰圖、天地儀圖、日圖、月圖等。
地理	一	地理	全圖、北部輿圖	輿地全圖、華夷一統志、直隸、山東、山西、陝西、河南。
	二	地理	南部、西南部輿圖	浙江、江西、湖廣、四川、福建、廣東、廣西、雲南、貴州。
	三	地理	九邊重鎮	九邊重鎮圖。
	四	地理	河流、漕運、海疆	黃河、長江、漕運、閩粵海疆。
	五	地理	海疆海運	浙江、南直隸、山東、遼東海疆圖、海運圖、海市圖。
	六	地理	山水、景觀	北、南直隸等部分。
	七	地理	山水、景觀	南直隸、江西部分。
	八	地理	山水、景觀	山東、陝西、山西部分。
	九	地理	山水、景觀	河南、浙江部分。
	十	地理	山水、景觀	江西、湖廣部分。
	十一	地理	山水、景觀	四川、福建部分。
	十二	地理	山水、景觀	廣東、廣西、雲南、貴州部分。
	十三	地理	山水、景觀	東、南、西、北邊疆少數民族部分。
	十四	地理	山水、景觀	疆域圖、各布政使司疆域圖、貢賦道圖及其他。

〔註 1〕以下各有關附表均爲筆者研讀兩部《三才圖會》時的記錄，統計與匯總，僅供讀者參考。必有諸多疏漏，敬請批評指正。

	十五	地理	田制、歷代疆域	載先秦田制、地理、歷代疆域（至唐）圖。
	十六	地理	宋代疆域、田地	載宋代疆域、田地圖。
人物	一	人物	先秦世系	三皇五帝、夏、商、西周、春秋戰國、秦世系。
	二	人物	兩漢至唐世系、帝王	西漢至唐世系圖、帝王圖。
	三	人物	五代至嘉靖世系、帝王	五代至明嘉靖時期世系圖、帝王圖。
	四	人物	先秦至西漢名人	著重介紹數人外，尚有《五帝三王名臣》、《春秋戰國（名臣）》、《西漢名臣》備載著名政治人物。
	五	人物	東漢至隋名人	著重介紹數人外，尚有《東漢名臣》、《三國兩晉六朝名臣》備載著名政治人物。另外，王圻遵從劉備蜀漢為正朔。
	六	人物	唐時名人	尚有《唐名臣》、《後五代名臣》，細載唐、五代十國時期名人。其中，五代十國時諸人，無肖形具圖者。
	七	人物	兩宋名人	尚有《宋朝名臣》、《後五代名臣》，細載兩宋時期名人。
	八	人物	元明名人	尚有《元名臣》，細載元時名人。又，此卷分兩部分，首部分即元人。次部分位於《元名臣》下，為明人像傳，首錄徐達像傳，圖像右側標有「皇明臣像上」字樣。
	又八	人物	明朝名人道統傳經	此卷首載明人像傳，次載道統、傳經圖說。關於前者，首錄耿九疇像傳，圖像右側標有「皇明臣像下」字樣。關於後者，首錄明人眼中之《道統總圖》，次列儒家經典《傳經圖》。
	九	人物	釋家授受世系人物像傳	此卷先載釋家傳授世系圖，次載釋迦牟尼、釋家授受三十三世、布袋和尚、十八羅漢等像傳。
	十	人物	道家人物	備載觀音、真武、魁星、直日、老子、鬼谷子、魏伯陽等道家仙神諸像傳（如《六丁六甲直日神將圖》等，則有圖無文）。
	十一	人物	道家人物	接續上卷，備載張道陵、麻姑仙、張果老、陳摶、張三豐等道家像傳。
	十二	人物	域外人物	載明朝域外高麗、占城、老撾、大食、東印度、天竺、真臘等諸國人形象、圖說。
	十三	人物	域外人物	載域外諸國人形象、圖說。多有道聽途說、荒誕不經之載。

	十四	人物	域外人物	載域外諸國人形象、圖說。多有道聽途說、荒誕不經之載。
時令	一	時令	時令節氣	備載時令、節氣、氣候、陰陽等內容。
	二	時令	年神位	具載六十甲子年之神方位圖。
	三	時令	月神位、星煞	載十二月方位、星煞直日等圖。
	四	時令	星煞、周堂	載星煞、周堂、吉凶等圖。
宮室	一	宮室	亭臺樓閣、館舍	除載亭臺樓閣等類型建築外，還有官廨、邸驛、官學、關塞等功能不同之建築。
	二	宮室	祭祀、禮儀、農業等建築設施	除載祭祀、禮儀用各類建築外，還俱載農業、軍事類建築（如倉、廩、窖、弩臺、敵樓等）。
	三	宮室	禮儀建築、祠堂、陽宅內形吉凶	除載圓丘、社稷壇、先農壇等各類禮儀建築外，還載陽宅內形吉凶等圖。
	四	宮室	陽宅外形、方位	續載陽宅外形吉凶、方位等圖。
器用	一	器用	「古器類」	備載各類青銅器。
	二	器用	「古器類」	續載青銅器，又載玉器、銅器及其他金屬器（按功用，又可粗分為食器、祭器、兵器、工具、度量衡器等）。
	三	器用	「樂器類」	載各式樂器。
	四	器用	「舞器、射侯、舟類」	載各式儀仗用器、射侯、船隻（及船隻配件）等。
	五	器用	「車輿類、漁類」	載車馬器、捕魚用具等。
	六	器用	「兵器類」	載弓、弩、矛、盾、刀、槍、棍、棒等各式兵器。
	七	器用	「兵器類」	載炮、銃、箭等各類火器。
	八	器用	「兵器類」	續載佛郎機、銃等火器及他各類兵器。
	九	器用	「蠶織類」	絲織、棉織手工業用具。
	十	器用	「農器類」	與糧食儲藏、加工有關之農業用具（利用水力之農具，尤其值得注意）。
	十一	器用	「農器類」	與土地修整、農作物播種、收割等有關之農具。
	十二	器用	「什器類」	與飲食起居、文房四寶有關之器具（並以各類刑具殿後）。
身體	一	身體	五臟六腑	載人體重要臟器圖像、經絡、穴位等。
	二	身體	五臟六腑	續載其他臟器圖像、經絡、穴位及臟腑全圖（正面、背面）等。
	三	身體	脈象	切脈、脈象全圖。

	四	身體	脈象、病癥	續載脈象及病癥各圖。
	五	身體	病癥	續載病癥各圖。
	六	身體	瘡癥	載各類腫瘡圖。
	七	身體	「人相類」	載面相（包括眉眼鼻口耳）、手相、足紋相等。
衣服	一	衣服	冠弁衣服	各類冠弁、衣裳、配飾等。
	二	衣服	「國朝冠服」	明朝皇族、文武百官之冠服。
	三	衣服	衣服、命婦冠服	載衣服、被褥、內外命婦冠服、喪葬、僧道、武弁服飾等。
人事	一	人事	琴棋、遊戲	載彈琴、象棋棋局、「打馬」遊戲等圖。
	二	人事	「圍棋圖」	「共八十八圖」（王思義自注）
	三	人事	書法	備載永字八法、永字變化七十二式、草隸圖等。
	四	人事	「書法圖」「畫法圖」	載篆字偏旁、書法字體流傳圖、活字印刷以及人物畫法圖。
	五	人事	畫法圖	石、枝、葉及「歲寒四友」之松、竹、梅圖。
	六	人事	畫法圖	載工筆蘭圖、花鳥圖等。
	七	人事	練兵圖	載弓箭、馬術、刀槍棍拳等圖（當節選自拳譜、兵書等）。
	八	人事	陣法圖	載各種陣法。
	九	人事	音樂圖	載音樂、演奏各圖。
	十	人事	修身、遊戲	載修身之法及投壺、雙陸、打彈、蹴鞠、鞦韆等遊戲圖。
儀制	一	儀制	序班	朝賀、宴飲、朝拜示意圖。
	二	儀制	序班	進貢、拜見、冊封圖。
	三	儀制	「國朝鹵簿圖」、「國朝儀仗圖下」	明朝鹵簿、儀仗示意圖。
	四	儀制	「國朝儀仗圖下」	明朝儀仗示意圖。
	五	儀制	品冠、納后	皇太子、品官冠圖，天子納后諸禮圖。
	六	儀制	納妃、婚禮	皇太子納妃、受冊、親迎、朝見、婚禮等圖。
	七	儀制	喪禮、「祭禮」	喪葬禮儀圖、祭祀禮儀圖。
	八	儀制	聖賢、鄉飲等	載聖賢祭祀、籍田、藩國往來、周漢官制、刑贓、納收贖圖等。
珍寶	一	珍寶	珍寶、「錢圖上（正用品）」	載珍珠、玉器、石器、金屬（金、銀、銅、錫等）及歷代錢幣珍貴器物。
	二	珍寶	「錢圖下」	載各式錢幣。包括「偽品」、「天品」、「刀布品」、「外國品」、「奇品」等。

文史	一	文史	「易圖」、「擬玄圖」、「皇極經世圖」	易經、卦象、擬玄、皇極經世等圖。
	二	文史	「詩經圖」、「書經圖」、「禮記圖」、「周禮圖」	載詩、書、禮等經典各圖。
	三	文史	「春秋圖」、「回文圖」、「詩餘圖譜」	載春秋經及回文詩、《詩餘圖譜》（張綖撰，屬詞譜論著）上等。
	四	文史	「詩餘圖譜中」、「詩餘圖譜下」	載《詩餘圖譜》中、下部分。
鳥獸	一	鳥獸	「鳥類」	載神鳥（鳳、精衛、比翼鳥）、鳥禽（孔雀、雞、鸚鵡等）。
	二	鳥獸	「鳥類」	續載各類鳥禽。
	三	鳥獸	「獸類」	載神獸（麒麟、狻猊等）、實存各獸（犀、虎、鹿等）。
	四	鳥獸	「獸類」	載神獸（檮杌、天狗等）、其他各獸。
	五	鳥獸	「鱗介類」	載神獸（龍、螭、斗牛等）及魚、龜、蛇、玳瑁等。
	六	鳥獸	「鱗介類」	載魚、蟹、蚌及蝶、蜘蛛、蚊等昆蟲。
草木	一	草木	「草類」	載黃精、菖蒲、人參、甘草、地黃等各類草藥。
	二	草木	「草類」	草藥。
	三	草木	「草類」	草藥。
	四	草木	「草類」	草藥。
	五	草木	「草類」	草藥。
	六	草木	「草類」	草藥。
	七	草木	「草類」	草藥。
	八	草木	「木類」	載白楊、橡樹及椒、皂莢、巴荳等植物。
	九	草木	「木類」	載松、槐、榆、竹、龍腦、白棘等植物。
	十	草木	「蔬類」	載薑、瓜、蔥、刀豆、絲瓜、芋、地瓜兒等蔬菜植物。
	十一	草木	「菓類」、「穀類」	載龍眼、胡桃、荔枝、棗、楊梅等菓類，稻米、豆、麥等穀類。
	十二	草木	「花卉類」	載牡丹、芍藥、桂花、芭蕉、薔薇、芙蓉等花卉植物。

附錄二 《和漢三才圖會》細目、內容表

部次	分部卷次	總卷次	分　類	詳細目錄
天部	1	1	天部	日月天象、曆日、隕石、星圖
	2	2	天文	二十八星宿
	3	3	天象類	暈、星、風雨雷電、占侯
	4	4	時候類	歲、閏月、四季、土用、節氣、節日
	5	5	曆占類	干支、納音、神位、卦象
	6	6	曆擇日神（曆日吉凶）	十二月神
人部	1	7	人倫類	日本身份、職業
	2	8	人倫親族	宗族、姻親
	3	9	官位部	日本職官
	4	10	人倫之用	婚喪嫁娶、人體疾病
	5	11	經絡部	臟腑、脈絡
	6	12	支体部	臟器、軀體、肌膚、體液
	7	13	異國人物	日本西北部、東南部國家民族
	8	14	外夷人物	域外各族人物
	9	15	藝器	筆墨紙硯、券印符節、度量衡針、文字
	10	16	藝能	詩詞、和歌、舞樂
	11	17	嬉戲部	各類遊戲項目
	12	18	樂器類	中日樂器
	13	19	神祭附佛供具	佛教、神道教法器用具
	14	20	兵器防備具	旗、盾、甲、車、烽燧、狼煙

15	21	兵器征伐具	炮、弓弩、刀、劍、槍
16	22	刑罰	刑罰
17	23	漁獵具	漁獵用具
18	24	百工具	規矩、尺鑿、繩墨、錐鋸、泥板
19	25	容飾具	鏡梳、粉黛、爐盒
20	26	服玩具	扇、魚袋、斗笠、眼鏡
21	27	絹布類	綾羅綢緞布
22	28	衣服類	衣裳
23	29	冠帽類	冠冕、頭巾
24	30	履襪類	鞋履、襪靴
25	31	庖廚具	廚房用具
26	32	家飾具	帷幕、桌椅、箱枕
27	33	車駕類	車駕類、車駕用具
28	34	船橋類	船橋、舵槳
29	35	農具類	耕地、農作物加工、磨製
30	36	女工具	紡車、熨斗、剪刀
31	37	畜類	牲畜
32	38	獸類	神獸、野獸
33	39	鼠類	鼠類、刺猬
34	40	寓類怪類	彌猴、猩猩、牝牡、魍魎
35	41	水禽類	水禽
36	42	原禽類	雞、鴨、雀、燕
37	43	林禽類	森林禽類
38	44	山禽類	山中禽類
39	45	龍蛇部	龍蛇、蝮蜥、蠑螈
40	46	介甲部	龜、鱉、蟹
41	47	介貝部	珍珠、硨磲、貝類、螺
42	48	魚類河湖有鱗魚	
43	49	魚類江海有鱗魚	
44	50	魚類河湖無鱗魚	
45	51	魚類江海無鱗魚	
46	52	卵生類	蜜蜂、蠶蠅

	47	53	化生類	
	48	54	濕生類	蛙蟾、蜈蚣、蚰蜒
地部	1	55	地部	山海輿地全圖、地、田、園
	2	56	山類	各類山脈丘陵地形、中日名山
	3	57	水類	水塘湖泊、泉洲、水閘、水
	4	58	火類	火燭、炭香
	5	59	金類	中日名石、金屬
	6	60	玉石類	玉、珊瑚、寶石、雲母、石英
	7	61	雜石類	辰砂、汞粉、雄黃、石膏、石油、芒硝、各石
	8	62本	中華、北京、南京、山東省、山西省	中華一統圖、古九州、十五省。各地朝代、名人、土產
	9	62末	河南省、陝西省、湖廣省	各地朝代、名人、土產
	10	63	江西省、浙江省、福建省、廣東省、廣西省、貴州省、四川省、雲南省	各地朝代、名人、土產
	11	64	大日本國、朝鮮國、琉球國、蝦夷島、西域、天竺、北地諸狄、西南諸蠻	日本國圖、天皇、朝鮮、蠻夷、釋迦摩尼、佛教宗祖
	12	65	陸奧、出羽	神社、寺觀、島嶼、山川、土產
	13	66	上野、下野、常陸、上總、下總、安房	神社、寺觀、島嶼、山川、土產
	14	67	武藏、相模、伊豆	神社、寺觀、島嶼、山川、土產
	15	68	越後、佐渡、越中、信濃	神社、寺觀、島嶼、山川、土產
	16	69	甲斐、駿河、遠江、三河	神社、寺觀、島嶼、山川、土產
	17	70	能登、加賀、越前、飛驒、美濃	神社、寺觀、島嶼、山川、土產
	18	71	若狹、近江、尾張、伊勢、志摩、伊賀	神社、寺觀、島嶼、山川、土產
	19	72本	山城	神話人物、政治、文化、宗教名人
	20	72末	山城	神話人物、政治、文化、宗教名人
	21	73	大和	神社、寺觀、島嶼、山川、名人、土產
	22	74	攝津	神社、寺觀、島嶼、山川、名人、土產
	23	75	河內	神社、寺觀、島嶼、山川、名人、土產

24	76	和泉、紀伊、淡路	神社、寺觀、島嶼、山川、名人、土產
25	77	丹波、丹後、但馬、因幡、播磨	神社、寺觀、島嶼、山川、名人、土產
26	78	美作、備前、備中、備後、伯耆、出雲、隱岐	神社、寺觀、島嶼、山川、名人、土產
27	79	阿波、土佐、讚岐、伊予、安藝、石見、周防、長門	神社、寺觀、島嶼、山川、名人、土產
28	80	豐前、豐後、筑前、筑後、日向、肥後、大隅、薩摩、肥前、壹岐、對馬	神社、寺觀、島嶼、山川、名人、土產
29	81	家宅類	宮館、宅室、祠社；棟樑、柱枋、門垣、壁柵
30	82	香木類	松柏、桂樟等
31	83	喬木類	楊柳、桐漆
32	84	灌木類	
33	85	寓木類、苞木‧竹之類	湖泊、茯苓、竹
34	86	五果類	桃、李、杏、棗、栗
35	87	山果類	梨、柑、橘、柚、櫻桃
36	88	夷果類	龍眼、橄欖、檳郎、椰子、菠蘿蜜、天仙果、番蕉
37	89	味果類	椒、醋林子、吳茱萸、茶
38	90	蓏果類	瓜、葡萄、甘蔗、獼猴桃、冰糖
39	91	水果類	蓮藕、芡實、慈姑
40	92本	山草類上卷	甘草、參類、桔梗、天麻、丹參、紫草
41	92末	山草類下卷	茅類、豎線、杜蘅、徐長卿、金剛刺
42	93	芳草類	川芎、肉豆蔻等藥草，牡丹、芍藥、茉莉、蘭類等花卉
43	94本	濕草類	菊、蒿、益母草、雞冠、地黃、葵
44	94末	濕草類	草、蓼、曼陀羅花
45	95	毒草類	大黃、狼毒、鬼臼、鳳仙花、羊躑躅、石龍芮
46	96	蔓草類	菟絲子、馬錢子、何首烏、土茯苓、藤；月季、荼蘼、玫瑰、海棠；落花生
47	97	水草、藻類、苔類	羊蹄、菖蒲、浮萍、藻苔
48	98	石草類	石斛、虎尾草、佛甲草、吉祥草

49	99	葷草類	韭、蔥、蒜、薑、蘿蔔、茼蒿、芹菜、茴香、煙草
50	100	蓏菜類	茄子、南瓜、苦瓜、冬瓜
51	101	芝栭類	靈芝、地茸、蘑菇、菌類
52	102	柔滑菜	萵苣、蒲公英、蕨菜、芋、薯蕷、山丹、百合
53	103	穀類	稻麥、粟穀、狼尾草、罌粟、薏仁
54	104	菽豆類	豆類
55	105	造釀類	醬油、納豆、鹵水、酒、豆腐、飯粥、餅餌、糕羹

附錄三 《和漢三才圖會》圖版數量統計表

部類	卷次	分　類	圖版數量
天部	1	天部	26
	2	天文	35
	3	天象類	19
	4	時候類	36
	5	曆占類	49
	6	曆擇日神	1
人部	7	人倫類	58
	8	人倫親族	8
	9	官位部	18
	10	人倫之用	30
	11	經絡部	53
	12	支体部	24
	13	異國人物	11
	14	外夷人物	177
	15	藝器	66
	16	藝能	15
	17	嬉戲部	24
	18	樂器類	44
	19	神祭附佛供具	43

20	兵器防備具	44
21	兵器征伐具	69
22	刑罰	10
23	漁獵具	28
24	百工具	55
25	容飾具	26
26	服玩具	20
27	絹布類	46
28	衣服類	72
29	冠帽類	35
30	履襪類	16
31	庖廚具	133
32	家飾具	82
33	車駕類	33
34	船橋類	24
35	農具類	58
36	女工具	27
37	畜類	14
38	獸類	49
39	鼠類	20
40	寓類、怪類	23
41	水禽類	44
42	原禽類	29
43	林禽類	54
44	山禽類	40
45	龍蛇部	30
46	介甲部	23
47	介貝部	43
48	河湖有鱗魚	27
49	江海有鱗魚	49
50	河湖無鱗魚	9
51	江海無鱗魚	52

	52	卵生類	53
	53	化生類	49
	54	濕生類	21
地部	55	地部	9
	56	山類	32
	57	水類	56
	58	火類	22
	59	金類	28
	60	玉石類	14
	61	雜石類	63
	62本	中華、北京、南京、山東、山西	5
	62末	河南、陝西、湖廣	3
	63	江西、浙江、福建、廣東、廣西、貴州、四川、雲南	8
	64	日本、朝鮮、琉球、蝦夷、西域、天竺、北地諸狄、西南諸蠻	35
	65	陸奧、出羽	1
	66	上野、下野、常陸、上總、下總、安房	1
	67	武藏、相模、伊豆	5
	68	越後、佐渡、越中、信濃	1
	69	甲斐、駿河、遠江、三河	1
	70	能登、加賀、越前、飛驒、美濃	1
	71	若狹、近江、尾張、伊勢、志摩、伊賀	2
	72本	山城	3
	72末	山城	1
	73	大和	4
	74	攝津	2
	75	河內	1
	76	和泉、紀伊、淡路	3
	77	丹波、丹後、但馬、因幡、播磨	1
	78	美作、備前、備中、備後、伯耆、出雲、隱岐	1
	79	阿波、土佐、讚岐、伊予、安藝、石見、周防、長門	1
	80	豐前、豐後、筑前、筑後、日向、肥後、大隅、薩摩、肥前、壹岐、對馬	1

81	家宅類	85
82	香木類	55
83	喬木類	66
84	灌木類	84
85	寓木類、苞木‧竹之類	18
86	五果類	12
87	山果類	51
88	夷果類	24
89	味果類	14
90	蓏果類	10
91	水果類	5
92本	山草類上卷	39
92末	山草類下卷	70
93	芳草類	66
94本	濕草類	87
94末	濕草類	127
95	毒草類	66
96	蔓草類	88
97	水草、藻類、苔類	48
98	石草類	18
99	菫草類	38
100	蓏菜類	16
101	芝栭類	18
102	柔滑菜	52
103	穀類	28
104	菽豆類	13
105	造醸類	57

附錄四 《三才圖會》文獻溯源一覽表

部次	卷次	細目	內 容	備 註	文獻來源	備註
天文	卷一	天文	天文	天文總圖、大微垣圖、紫微垣圖、天市垣圖。	14 靈憲經（張衡，載李淳風乙巳占卷一，清十萬卷樓叢書本） 14 乙巳占（李淳風，天象第一） 16 觀象玩占（蔡邕部分，李淳風，卷一） 16 王圻（案語，璇璣玉衡……不待攻而自破） 16 西園聞見錄卷四十八禮部七（明張萱，蔡邕、王蕃） 17 西園聞見錄卷四十八禮部七（王蕃） 18 通志（卷三十九天文略第二，太微垣） 19 通志（卷三十九天文略第二，太微垣） 20～23 通志（卷三十九天文略，北極紫微宮） 24～25 通志（卷三十九天文略，天市垣）	

二	天文	星宿	東方、北方、西方星宿圖。	26～32 通志（卷三十八天文略第一、東方） 31 通志（按傳說……） 32～38 通志（卷三十八天文略第一、西方） 38～45 通志（卷三十八天文略第一、北方）
三	天文	星宿、星圖	南方星宿、星圖、分野圖、黃道宿度圖、宮次圖等。	46～52 通志（卷三十八天文略第一、南方） 53 通志（鄭樵、圖書編亦引、且標明鄭氏曰） 53 六經天文編（卷上天道四仲中星、宋王應麟） 60 渾義略說（月令四時昏旦之……大不然） 60 禮記正義（月令仲秋之月……南方之中） 案、上一條引自宋李如愚《山堂考索・前集》卷五十七「律曆門」。 63 歲時廣記（宋陳元靚、首卷氣候循環易見圖。62頁圖版水與歲時廣記相同） 64 歲時廣記（宋陳元靚、首卷氣候循環易見圖） 66～68 通志（卷三十九天文略第二、七曜） 70～71 山堂考索（別集卷十七歷門、渾象疏）
四	天文	星、日、月圖	五辰圖、天地儀圖、日圖、月圖等。	74 天地儀（利瑪竇） 74 隋書天文志（天漢） 75 歲時廣記氣候循環易見圖（卷一、羲典曰……） 77 論日月食（新刊唐荊川先生稗編、卷四十九諸家七天文） 78 管窺外篇（書鄒氏音釋編首有九道圖、元史伯璿管窺外篇卷下） 80～81 新刊唐荊川先生稗編（卷五十三、論晦朔弦望考索。「天天運一周……此其變也」）
地理 一	地理	全圖、北部輿圖	輿地全圖、華夷一統志、直隸、山東、山西、陝西、河南。	92 利瑪竇坤輿萬國全圖之總論 94 利瑪竇中文著譯集

			95 武經總要前集卷十六及明史地理志（我朝疆理之制）
二 地理	南部、西南部輿圖	浙江、江西、湖廣、四川、福建、廣東、廣西、雲南、貴州。	96 洞天福地嶽瀆名山記（唐杜光庭） 97 洞天福地嶽瀆名山記 98 洞天福地嶽瀆名山記 98 北直隸圖序（桂萼，明萬表皇明經濟文錄卷十八北直隸） 102 北直隸圖序（桂萼，明萬表皇明經濟文錄卷十七南直隸） 114 史記正義秦本紀引括地志轉引錄異。雍南山有大梓樹案，明經世文編卷一八二桂文襄公奏疏（桂萼）有《北直隸圖序》至《貴州圖序》。王圻皆引。 119 明一統志河南府（女幾山） 120 大明一統志四十七（天台山） 144 雲南圖序（明經世文編，卷一百八十二，「失策」後，還有如下文字：本無道制可言然滇南北向中州必假道貴陽湯貴州而後進稍值兵硬坐令隔絕則滇池之達馬湖四川屬府武定建昌四川行都司屬甸川陸具存久無故無故講而萬里投官類難得人則夷情蠢動未爲然而此尤不可不慎也） 148 明史列傳二〇二雲南土司二（南詔）
三 地理	九邊重鎮	九邊重鎮圖。	153～154 四夷圖序（桂萼，經世文編卷一百八十二，桂萼桂文襄公奏疏，今之四夷…數年晏然） 154～155 遼東總論（許論，經世文編卷二百三十二，許恭襄公邊鎮論，遼東…） 156 薊州處置（圖書編卷四十四） 156 城塞論（？）

			157 薊州鎮（許論，經世文編卷二百三十二，許恭襄公邊鎮論） 160 宣府論（許論，經世文編卷二百三十二，許恭襄公邊鎮論） 162～164 大同（許論，經世文編卷二百三十二，許恭襄公邊鎮論） 165～166 榆林（許論，經世文編卷二百三十二，許恭襄公邊鎮論。引文不全） 167～168 寧夏（許論，經世文編卷二百三十二，許恭襄公邊鎮論） 168～169 固原（許論，經世文編卷二百三十二，許恭襄公邊鎮論） 169～170 楊琚奏草 171～173 甘肅（許論，經世文編卷二百三十二，許恭襄公邊鎮論） 176 度鎮事宜（圖書編卷四十九） 案、本卷是否參考魏煥《皇明九邊考》，待考；又各邊鎮編制情況，章潢《圖書編》所載，可參。
四	地理	河流 漕運 海疆	黃河、長江、漕運、閩粵海疆。 180 治河三策（賈讓） 181 歐陽修論修河第二狀（歐陽玄） 181 至正河防記（歐陽玄） 181 治河議（宋濂，經世文編卷二，宋學士集） 181 （胡子） 181 （劉天和）（案、治河要略部分，《圖書編》與此全同。） 182 元史地理志六之河源附錄（宋甘忠恕東北部） 182 廣志繹卷一（明王士性） 193 廣東要書論（胡宗憲，皇明經世文編卷六十七） 案、沿海部分多參胡宗憲《海防圖論》，可參。
五	地理	海疆 海運	浙江、南直隸、山東、遼東海疆圖、海運圖、海市圖。 220 廣輿圖（胡松，節選自武備志卷一百四十一軍資乘餉七「海運」） 案、《圖書編》所載與《三才圖會》同，可參。 221 蠶說（宋林景熙，霽山先生文集卷二白石樵）

六	地理	山水‧景觀	北‧南直隸等部分。	223 大明一統志（京師古幽薊……未有過之者。轉引自明莫旦大明一統賦‧卷下）
				223 皇都水利（明袁黃‧論建都當興水利。燕都……地設者也圖書編卷三十五議設險‧全文引裒作）
				224 賜遊西苑記（西苑記略‧明李賢）
				225 賜遊西苑記（西苑記略‧明李賢）
				227 遊西山記（明李東陽）
				228 明一統志（卷一明李賢、玉泉山）
				232 七修類稿（卷二天地類三吳）
				234 金陵諸山圖考（陳沂‧轉引自明阿鐘古今遊名山記‧卷二）
				234 金陵諸水圖考（陳沂）
				235 過後湖記（明計宗道‧轉引自明阿鐘古今遊名山記‧卷二／明葛寅亮金陵梵利志卷十七‧又作計陵計弘道‧待考）
				236 明一統志（卷六、鍾山……諸山特高）
				案、大部分內容是否參考《五嶽遊草》、待考。
				239 廣志繹（燕子磯）
				240 遊牛首山記（明都穆‧明阿鐘古今遊名山記‧卷二）
				241～242 遊茅山記（明都穆‧明阿鐘古今遊名山記‧卷四）
				243 明一統志（轉引自明嚴衍資治通鑑補卷七十二漢紀六十四）
				249 琅琊遊記（明宋濂‧明阿鐘古今遊名山記‧卷三）
七	地理	山水‧景觀	南直隸‧江西部分。	253
				254 遊虎丘記（明楊應詔‧明阿鐘古今遊名山記‧卷四）
				255 華山天池記（未係觀‧明阿鐘古今遊名山記‧卷四）
				255 遊玄墓諸川記（明袁衮‧明阿鐘古今遊名山記‧卷四）

| 八 | 地理 | 山水、景觀 | 256 靈巖山志（明楊循吉，明阿鐘古今遊名山記，卷四）
256 天平山志（明楊循吉，明阿鐘古今遊名山記，卷四）
257 穹窿山志（明楊循吉，明阿鐘古今遊名山記，卷四）
260 七十二峰記（大湖，王鏊）
266 遊善權洞記（明郁都穆，明阿鐘古今遊名山記，卷四）
267 玉女潭山居記（明文徵明，明阿鐘古今遊名山記，卷四）
270 北固山記（明阿鐘，明阿鐘古今遊名山記，卷四，轉引自清趙吉士寄園寄所寄卷三倚杖寄）
270 遊金山記（明郁都穆，明阿鐘古今遊名山記，卷四）
271 遊焦山記（明郁都我，明阿鐘古今遊名山記，卷四）
272 白嶽遊記（王士性，五嶽游草卷三吳遊上）
273 遊黃山記（元汪□□，明阿鐘古今遊名山記，卷四）
275 齊山三奇亭記（明李鶴鳴，明阿鐘古今遊名山記，卷四）
276~277 青陽山川志（明阿璧，明阿鐘古今遊名山記，卷四）
278 大明一統志太平府（牛渚山） |
| | | 山東、陝西、山西部分。 | 281 登泰山記（王世貞，弇州山人四部稿）
282 岱遊記（王士性五嶽游草，卷二大河南北諸遊上）
283 謁闕里記（王士性五嶽游草，同上）
286 明一統志（卷二十五、十三山）
287 太平御覽・十州記（蓬萊山；述異記蓬萊山一名蓬丘一名雲萊在東海中高一千里地方三千里）
288 成化山西通志（明胡謐，卷二山川五臺山）
289 初學記（恆山，五嶽之北嶽……其神焉）
289 恆山記（明□□□，明阿鐘古今遊名山記，卷八） |

九	地理	山水、景觀	河南、浙江部分。	

290 遊閶門山記（明喬宇，明何鏜古今遊名山記，卷八）

292 遊首陽山記（明都穆，明何鏜古今遊名山記，卷八）

293 遊禹門記（明胡謐，成化山西通志卷十二集文山川類）

294 明都穆遊砥柱記（明都穆，明何鏜古今遊名山記，卷六）

295 天祿閣外史卷五渴烏（明王逢年僞撰，秦，四集之壤也，雖偏鎮於西隅；又圖書編卷六十二全文引）

296 遊終南山記（明都穆，明何鏜古今遊名山記，卷七）

297 遊驪山記（明都穆，明何鏜古今遊名山記，卷七）

299 遊武功山記（明劉守，明何鏜古今遊名山記，卷十一下）

301 華山遊記（明陳以忠，明楊爾曾會海內奇觀卷一華嶽圖說；黃宗羲明文海，趙吉士寄園寄所寄卷三倚杖志嶽濱）

304 池山山志（明何景明，明何鏜古今遊名山記，卷七）

308 嵩山總敘（初學記卷五地部上嵩高山第七，轉引自古今遊名山記，卷六）

308 遊嵩山記（明都穆，明何鏜古今遊名山記，卷六）

310 遊百泉書院記（明李濂嵩渚文集，卷四十九）

311 彰德府志地理志二（操日死，令施總帳於上）

312～313 遊王屋山記（明李濂，明何鏜古今遊名山記，卷六）

315 五鐵遊草卷四越遊上／明楊爾曾會海內奇觀兩越名山圖說，卷五（東海之嘘，有二越焉）

317～318 西湖諸山志（明薛應旂，明何鏜古今遊名山記，卷十下）

319 答起嚴論潮書（元吳萊壽，明何鏜古今遊名山記，卷十下）

319 大滌山志（明薛應旂，明何鏜古今遊名山記，卷十下）

320～321 遊天目山記（伍餘福，明董斯張吳興藝文補，卷三十三）

十	地理	山水、景觀		
				322 兩越名山圖說（海內奇觀卷五，明楊爾曾，釣臺）
				322 兩越名山圖說（海內奇觀卷五，明楊爾曾，金華山；與上文前後相接）
				324 仙都（五嶽游草卷四，越遊上）
				325 石門（五嶽游草卷四，越遊上）
				327～328 會稽山志（明薛應旂）
				328 遊東山記（宋王垤，明何鏜古今遊名山記，卷十下）
				329 雪竇（五嶽游草卷四，越遊上越遊注／明楊爾曾海內奇觀卷五，兩越名山圖說雪竇）
				330 遊招寶山記（明楊守陳，明何鏜古今遊名山記，卷十下）
				332～333 遊天台山記（明葉良材，明何鏜古今遊名山記，卷十上）
				334 鴈蕩山記（宋沈括，明何鏜古今遊名山記，卷十上）
				325 南雁蕩（五嶽游草卷四，越遊上／明楊爾曾海內奇觀卷五）
				335 江心寺（五嶽遊草卷四，越遊上／廣志繹）
				336 嘉靖嘉興府圖記（卷六物圖一，明趙文華）
			江西、湖廣部分。	340～341 龍虎山記（明吳炳，明何鏜古今遊名山記，卷十一下）
				342～343 遊匡廬山記（明陳沂，明何鏜古今遊名山記，卷十一上；圖書編卷六十五全載）
				343 彭蠡湖（明一統志卷五十二南康府，李賢）
				344 麻姑山（明一統志卷五十三建昌府，李賢）
				345 靈谷山（明一統志卷五十三撫州府，李賢）
				345 閤皂山（明一統志卷五十五臨江府，李賢）
				346 玉山（明一統志卷五十六吉安府，李賢）
				347 金精山（明一統志卷五十八贛州府，李賢）

| 十一 地理 | 山水、景觀 | | 348 大庾嶺（明一統志卷五十八南安府，李賢）
349 黃鶴樓記（唐閻伯理，古今遊名山記，卷九）
349 古今遊名山記（何謹）
349 赤壁山（明一統志卷五十九武昌府，李賢）
353～355 遊武當山記（明胡松，古今遊名山記，卷九；可能又選自大嶽志之太和宮四圖述，方升）
356 大洪山（明一統志卷六十一德安府，李賢）
356 赤鼻山（明一統志卷六十一黃州府之赤壁山，李賢）
357 竹樓記（宋王元之）
356 洞庭湖（明一統志卷六十二岳州府，李賢）
359 君山志（明胥文相，古今遊名山記，卷九）
359 岳陽樓記（范仲淹）
362 衡山通考（南嶽衡山，古今遊名山記，卷九）
362 桃源山（明一統志卷六十四常德府，李賢） |
| | | 四川、福建部分。 | 367 入蜀記上（五嶽遊草卷之五）
370 十二峰瞿唐峽巫峽鹽澒堆（明一統志卷七十夔州府，李賢）
371 峨眉山行紀（范成大，古今遊名山記，卷十五；又載吳船錄）
374 瓦屋山（明一統志卷七十二雅州府，李賢）
374 安樂山（明一統志卷七十二瀘州府，李賢）
375 邛崍山（明一統志卷七十二雅州府，李賢）
375 九折坂（明一統志卷七十二雅州府，李賢）
376 弘治八閩通志（明陳道，卷五地理方廣岩）
376 弘治八閩通志（卷七地理泉州府晉江縣泉山）
377 弘治八閩通志（卷七地理泉州府南安縣九日山） |

十二	地理	山水、景觀	廣東、廣西、雲南、貴州部分。	378 弘治八閩通志（卷八地理漳州府岐山） 379 弘治八閩通志（卷十地理延平府永安縣桂欄山） 384 武夷山遊錄（明張璦，古今遊名山記，卷十二） 385 弘治八閩通志（卷十二地理福寧州寧德縣霍童山） 387〜388 羅浮指掌圖記（宋鄒師正，古今遊名山記，卷十三） 393 石筆記（宋陶翼，古今遊名山記卷十三：七星岩） 394〜396 明一統志（卷八十三桂林府獨秀山、伏波山、七星山、彈丸山、西山等） 396 明一統志（卷八十三柳州府真仙岩） 399 明一統志（卷八十六雲南府滇池……） 400 點蒼山志（明李元陽，古今遊名山記卷十六） 401 西洱海志（明李元陽，古今遊名山記卷十六） 402〜403 遊雞足山記（明謝東山，古今遊名山記卷十六） 404 遊九頂寺記（明李元陽，古今遊名山記卷十六，非九鼎山記） 405、399 明一統志（卷八十八貴州宣慰使司養龍坑）
十三	地理	山水、景觀	東、南、西、北邊疆少數民族部分。	408 王維楨隻溪山記（隻溪山／歡喜園寄所寄卷三尚枝寄） 409 三國遺事卷二（大正藏・第四十九冊） 411 日本國（明李賢明一統志，卷八十九外夷） 412 西蕃（明李賢明一統志，卷八十九外夷） 420 緬國（明王圻續文獻通考，卷二百三十六四裔考西南夷） 413 大越史記全書 421 星槎勝覽（費信） 423 明史卷三百三十二（今採故牘嘗奉貢名天朝者……）

十四	地理	山水、景觀	疆域圖、各布政使司疆域圖、貢賦道圖及其他。	428 文獻通考（卷三百十五輿地考一總敘，元馬端臨） 430 文獻通考（卷三百十五輿地考一，元馬端臨） 432~440 禹貢 442 鄭合沙（東卿） 444 通典 446 詩經・雅・大雅・生民之什・假樂（既景乃岡） 447 周禮 448 周禮職方氏 449 周禮考工記「匠人營國方九里旁三門」鄭玄注 449 司馬法 450 周禮考工記匠人營國 451 周禮夏官 452 周禮 453 （王圻作圖） 459 孟子滕文公上（方里而井） 案，九州疆界是否還自《禹貢圖說》、《六經圖》，待考。
十五	地理	田制、歷代疆域	載先秦田制、地理、歷代疆域（至唐）圖。	462 周禮 465 春秋列國圖（圖書編卷三十二載） 467 論蘇秦辨六國疆界 468 初學記卷八州郡部（秦并天下） 470 歷代封畛（宋鄭樵通志，卷四十地理略第一） 471 漢書 473 歷代封畛（宋鄭樵通志，卷四十地理略第一）

	十六	地理	宋代疆域、田地	載宋代疆域、田地圖。	489 新唐書天文志一（一行山河兩戒圖；廣志繹卷一方輿崖略，唐一行以天下……南河） 案，此部分圖版，多選自《歷代地理指掌圖》。 500 元豐九域志（化外州、王存） 501 山堂考索（宋章如愚，前集卷五十九地理門州郡類／指掌圖） 501 唐書天文志 503 燕山圖（人子須知） 504～507 王禎農書卷十九農器圖譜圖十三（圃田） 505 周禮稻人 507～510 王禎農書卷七農器圖譜（農政全書農桑訣田制篇、區田） 511 七修類稿卷一天地類穿井（神仙感遇傳、明陳耀文天中記卷十井） 513 地理人子須知（徐善繼、維事） 518 地理人子須知 519 地理人子須知 520 地理人子須知
人物	一	人物	先秦世系	三皇五帝、夏、商、西周、春秋戰國、秦世系。	529 路史餘記（尊盧氏、南宋羅泌） 529 路史前紀卷九（陰康氏） 530 竹書紀年（炎帝神農氏） 541 史記宋微子世家（微子開）
	二	人物	兩漢至唐世系、帝王	西漢至唐世系圖、帝王圖。	
	三	人物	五代至明嘉靖世系、帝王	五代至明嘉靖時期世系圖、帝王圖。	

四	人物	先秦至西漢名人	著重介紹數人外，尚有《五帝三王名臣》、《春秋戰國（名臣）》、《西漢名臣》備載著名政治人物。	587 春秋元命苞（倉帝史皇氏） 595 世本 595 祖庭廣記
五	人物	東漢至隋名人	著重介紹數人外，尚有《東漢名臣》、《三國兩晉六朝名臣》備載著名政治人物。另外，王圻遵從劉備蜀漢為正朔。	
六	人物	唐時名人	尚有《唐名臣》、《後五代名臣》，細載唐、五代兩時期名人。其中，五代名臣諸人，無肖形具圖者。	645 十八學士贊（褚亮） 652 新唐書顏真卿傳 658 新唐書列傳薛仁貴傳
七	人物	兩宋名人	尚有《宋朝名臣》、《後五代名臣》，細載兩宋末時期名人。	664 宋史呂蒙正傳
八	人物	元明名人	尚有《元名臣》，細載元時名人。又，此卷分兩部分，首部分即元人。次部分位於《元名臣》下，為明人傳，首錄徐皇明達像傳，圖像右側標有「皇明名臣像上」字樣。	712 縣笥瑣探軒輗憲（軒輗，明劉昌）
又八	人物	明朝名人道統傳經	此卷首載明人像傳統、傳經圖圖說。關於前者，圖像右側標有「皇明名臣像下」字樣。關於後者，首錄明人眼中之《道統總圖》，次列儒家經典《傳經圖》	732 朱子本義（即朱熹周易本義）

九 人物	釋家授受世系人物像傳	此卷先載釋家傳授世系，次載釋迦牟尼、釋家授受三十三世、布袋和尚、十八羅漢等像傳。	743 景德傳燈錄（釋道原） 744 釋氏稽古略（元覺岸） 761 十八大阿羅漢頌（蘇軾） 761 滇蘇眉山十八羅漢偈（王世貞）
十 人物	道家人物	備載觀音、真武、魁星、直日、老子、鬼谷子、魏伯陽諸像傳（如《六丁六甲直日神將圖》等，則有圖無文）。	777 王禎書農器譜圖集之十六蠶繅門 780 神仙傳（廣成子）
十一 人物	道家人物	接續上卷，備載張道陵、麻姑仙、張果老、陳摶、張三豐等道家像傳。	
十二 人物	域外人物	載明朝域外高麗、老撾、大食、東印度、天竺、真臘等諸國人形象、圖說。	819 漢書 819 搜神記（盤瓠） 821 島夷志略（賓童龍國） 825 異域志卷上（周致中、大食弼琶羅國）
十三 人物	域外人物	載域外諸國人形象、圖說。多有道聽途說、荒誕不經之載。	
十四 人物	域外人物	載域外諸國人形象、圖說。多有道聽途說、荒誕不經之載。	
時令 一	時令節氣	備載時令、節氣、氣候、陰陽等內容。	877 天地始終說（天地始終一元之氣也） 882 氣候循環易見圖（歲時廣記首卷，先王體員以居正⋯⋯） 883 太平御覽（淮南子，似引自太平御覽卷三天部三日部；梁元帝纂要，御覽卷三天部三日上）

	時令	項目	說明	文獻溯源
二	時令	年神位	具載六十甲子年之神方位圖。	884 尚書武成 885 月令主屬大全圖（歲時廣記首卷、禮記月令注云……） 887 農器圖譜（王禎農書八農器圖譜二） 889 月令主屬大全圖（爾雅疏釋、歲時廣記卷一） 890 月令主屬大全圖（爾雅疏釋、歲時廣記卷一） 891 氣候循環易見圖（尚書正義、董巴） 891 氣候循環易見圖（歲時廣記卷一、隋書天文志……） 892 氣候循環易見圖（歲時廣記卷一、荊楚集……） 892～894 月令主屬大全圖（歲時廣記卷一、纂要） 898 六氣論上 899 靈樞九宮八風篇（大一常以冬至之日）
三	時令	月神位、星煞	載十二月方位、星煞直日等圖。	932 選擇求真（紫白發用）
四	時令	星煞、周堂	載星煞、周堂、吉凶等圖。	939 月圖吉凶注 977 曆書 977 六壬遁甲 978 附占候（天下郡國利病書、孤虛例） 982 上官吉凶日（造命宗鏡集卷十一雜用類、明吳國仕） 982 四不祥日（明賦纘光、練兵實紀、練兵雜紀卷三將官到任寶鑑／宅寶經勿載） 982 宅寶經（逐日营神方位作事向之大吉） 984～985 宅寶經（九天上聖秘傳金符經（正統道藏三十二冊，557～561頁）

			說明	相關文獻
宮室	一	亭臺樓閣館舍	除載亭臺樓閣等類型建築外、還有官解、邸驛、官學、關塞等功能不同之建築。	992 天中記（明陳耀文，卷十四闕） 999 文獻通考學校考一大學（多選自制度通纂等案，此卷所採自《天中記》。
	二	祭祀、禮儀、農業等建築設施	除載祭祀、禮儀用各類建築外、還俱載農業、軍事類建築（如倉、廩、窖、弩臺、敵樓等）。	1010 農政全書卷三十一蠶桑總論（先蠶壇） 1011～1012 王禎農書（卷十八農器圖譜十二） 1013～1016 王禎農書（卷十六農器圖譜十） 1021 天中記（卷十三，城） 1021～1022 武經總要（前集卷十二，弩臺，白露屋） 1022 武經總要前集卷十二（敵樓） 1023 武備志軍資乘（釣橋） 1023 武經總要
	三	禮儀建築、祠堂、陽宅內形吉凶	除載圜丘、社稷壇、先農壇等各類禮儀建築外、還載陽宅內形吉凶等圖。	1025 東家雜記（宋孔傳） 1025 事林廣記後集卷之三聖賢類（先聖廟） 1025 大明禮志卷一總序（國朝圜圓丘從祀） 1029 明集禮（卷一吉禮第一祭天壇壝，明徐一夔） 1030 明集禮（卷三吉禮第三祭地壇壝，明徐一夔） 1032 明集禮（卷八吉禮第八社稷壇壝，明徐一夔） 1033 明集禮（卷九吉禮第九王國社稷郡部縣社，明徐一夔） 1034 王禎農書卷七農器圖譜一（民社） 1036 明集禮（卷六吉禮第六宗廟之祠堂制度，明徐一夔） 1037 郭公陽宅書
	四	陽宅外形、方位	續載陽宅外形吉凶、方位等圖。	1055 白陽宅十書論福元（又載清同南安居金鏡，卷五）

器用		類別	說明	文獻溯源
器用	一器用	「古器類」	備載各類青銅器。	1067 重修宣和博古圖（卷七，尊罍，王黼） 1067～1088 重修宣和博古圖
	二器用	「古器類」	續載青銅器，又載玉器、銅器及其他金屬器（按功用，又可粗分為食器、祭器、兵器、工具、度量衡器等）。	案，是否參考《新定三禮圖》（四部叢刊三編景蒙古本），待考。 1108 重修宣和博古圖（卷二十七，杖頭，王黼） 1110 張果星宗卷一（刻漏制度） 1111 漢書律曆志（度起于黃鐘之長）
	三器用	「樂器類」	載各樂器。	1129 通典樂典 1130 羯鼓錄 1130 通典 案，是否引用《新定三禮圖》，待考。
	四器用	「舞器、射侯、舟類」	載各武儀仗用器、射侯、船隻（及船隻配件）等。	1147 王禎農書農器圖集卷十二（刈船） 1147 農政全書卷二十三農器圖譜野航（邱濬，蓋為海運為船巨……） 1152 大學衍義補
	五器用	「車輿類、漁類」	載車馬器、捕魚用具等。	1160 車輅（宣和博古圖卷二十七） 1163 明集禮（卷四十三儀仗，五輅） 1166 武經總要（刀車） 1166 武備志（刀車） 1167 武經總要守城（絞車）
	六器用	「兵器類」	載弓、弩、矛、盾、刀、槍、棍、棒等各式兵器。	1186 武經總要前集卷二十三（雙弓三弓床弩） 1189 條上李汝泉中丞海寇事宜（茅坤）
	七器用	「兵器類」	載炮、銃、箭等各類火器。	1210 武備志神機箭（金事溫編，繡子用黃銅箭） 1210 利器解（金事溫編，繡子用黃銅片）

	類別	說明	項目
八 器 用	「兵器類」	續載佛郎機、銃等火器及他各類兵器。	1222 紀效新書戰船器用說（火妖圖式） 1227 紀效新書焦玉火龍神器陣法（火磚等） 1232 虎鈐經卷六水攻第五十（宋許洞、度竿） 1234 武經總要（插版等本卷大部分） 1240 武經總要前集十（頭車）
九 器 用	「蠶織類」	絲織、棉織手工業用具。	1247 東魯王氏農書農器圖譜集麻苧門（大紡車） 1247 農政全書卷三十六蠶桑廣類（小紡車） 1249 農政全書卷三十六蠶桑廣類（繩車） 1250～1263 東魯王氏農書農器圖譜集蠶繅門、蠶繅門（蠶箔至絡車） 1250～1263 農政全書 1264～1267 東魯王氏農書譯注農器圖譜集織紝門(綿矩至木綿撥車） 1264～1267 農政全書卷三十五 1264 東魯王氏農書農器圖譜集苧門（苧刮刀）
十 器 用	「農器類」	與糧食儲藏、加工有關之農業用具（利用水力之農具，尤其值得注意）。	1269 東魯王氏農書農器圖譜之八（臿） 1269 農政全書 1272 東魯王氏農書農器圖譜杵臼門（杵臼） 1276 東魯王氏農書農器圖譜杵臼（麥籠） 1278 魯王氏農書農器圖譜灌溉門（木柵水礘） 1282～1287 東魯王氏農書農器圖譜利用門（水排水轉大紡車） 1288 東魯王氏農書農器圖譜灌溉門
十 一 器 用	「農器類」	與土地修整、農作物播種、收割等有關之農具。	1301 農政全書校注農器圖譜（耙刮板） 1306～1312 農政全書卷二十一農器圖譜一（耒耜秧馬） 1306～1312 王禎農書農器圖譜耒耜門 1313 王禎農書置於農器圖譜麻苧門（牛衣）

大類	序	小類	說明	文獻溯源
	十二	「什器類」	與飲食起居、文房四寶有關之器具（並以各類刑具殿後）。	1313 王禎農書農器圖譜鑊門（鑊等） 1317 王禎農書置於農器譜錢鑼門 1318 王禎農書卷十三引種蒔直說（樓鋤） 1319 王禎農書農器圖譜卷五銍艾門（銍耒）
				1342 資暇錄茶拓子（李匡乂） 1346 東魯王氏農書農器圖譜九杵臼門（油榨）
身體	一	五臟六腑	載人體重要臟器圖像、經絡、穴位等。	1351 雲岐子脈決
	二	五臟六腑	續載其他臟器圖像、經絡、穴位及臟腑全圖（正面、背面）等。	1389 黃帝內經太素卷五十二水 1391 重樓玉鑰卷上咽喉說
	三	脈象	切脈、脈象全圖。	1412 脈經（王叔和，春弦夏洪秋似毛）
	四	脈象、病癥	續載脈象及病癥各圖。	類經圖編
	五	病癥	續載病癥各圖。	類經圖編
	六	瘡癥	載各類匯瘡圖。	瘡瘍經驗全書卷四圖論方（未竇漢卿）
	七	「人相類」	載面相（包括眉眼鼻口耳）、手相、足紋相等。	1474～1477 神相全編（陳摶） 1476 新刻天下四民便覽三台萬用正宗（余象斗） 1477～1479 郭林宗秘訣觀人八法 1479～1491 新刻天下四民便覽三台萬用正宗

衣服	一 衣服	冠弁衣服	各類冠弁、衣裳、配飾等。	1498 新定三禮圖（卷一·冠冕） 1498 夜航船皇后六服 1502 事林廣記後集卷十服飾類深衣冠帶履圖 1508 事林廣記後集卷十服飾類（中單） 1510 家禮儀節圖（丘濬，參明朱載堉樂律全書卷二十三律學新說三） 1511 文公家禮
	二 衣服	「國朝冠服」	明朝皇族、文武百官之冠服。	1516 大明會典卷六十冠服 1516 大明高皇帝寶錄三十六下
	三 衣服	衣服、命婦冠服	載衣服、被褥、內外命婦冠服、喪葬、僧道、武弁服飾等。	1536 舊唐書輿服志（中書令馬周上議） 1552 禮部志稿（禪僧茶褐常服） 1553 武經總要前集卷十三器圖
人事	一 人事	琴棋、遊戲	載彈琴、象棋棋局、「打馬」遊戲等圖。	1566 重修真傳琴譜（宮嶝等、楊表正） 1571 打馬圖經（李清照）
	二 人事	「圍棋圖」	「共八十八圖」(王思義自注)	
	三 人事	書法	備載永字八法、永字變化七十二式、草隸圖等。	草訣百韻圖 1619 儼山外集卷三十二書帖下古書訓（夫草下筆之始）
	四 人事	「書法圖」「畫法圖」	載篆字偏旁、書法字體流傳圖、活字印刷以及人物畫法圖。	1625～1631 篆法偏勞圖（似大徐本說文解字？） 1632 儼山外集（陸深、卷三十四書帖下古今訓） 1638 王楨農書造活字印書法
	五 人事	畫法圖	石、枝、葉及「歲寒四友」之松、竹、梅圖。	1663 畫竹譜之墨竹譜（元李衎） 1672 寫梅論（楊補之） 1672 寫梅論（湯叔雅）

六	人事	畫法圖	載工筆蘭圖、花鳥圖等。	1693（羽族萬狀。難繪群彤。錦鸞彩鳳……？） 1697 除紅凡例（凡擱色之始。先以一色相賽）
七	人事	練兵圖	載弓箭、馬術、刀槍棍拳等圖（當節選自拳譜、兵書等）。	1700～1703 紀效新書卷十三射法篇 1704～1706 紀效新書卷三十二勢拳法圖繪訣 1707～1716 紀效新書卷十長兵短用說篇槍訣（武備志卷八十七陣練制／練教藝之鎗） 1717～1721 紀效新書卷十一藤牌總說篇／狼筅圖說 1719 兵錄（卷三牌藝總說。明何汝賓；鄭若曾籌海圖編卷十三藤牌圖說） 1721 狼筅圖說（紀效新書卷十一、籌海圖編卷十三）
八	人事	陣法圖	載各種陣法。	1723 龍正八陣合圖說及八陣變例 1733 武經總要前集卷七陣法總說 1736 武經總要前集卷五軍行次第 1738 武經總要前集卷六下營法 1742 武經總要前集卷五軍行次第
九	人事	音樂圖	載音樂、演奏各圖。	1748～1750 宋史樂志三（大合樂四表六舞會位圖） 1750 漢書律曆志上（太極元氣，函三為一） 1756 禮記明堂位（拊搏、玉磬） 1757 天原發微（宋鮑雲龍，卷十司氣） 1758 淮南鴻烈列解（卷三、天文訓，四部叢刊景刊景鈔北宋本北宋本） 1758 史記八風解 1759 樂律志（釋史卷一百五十二律呂通考？） 1760 史記律書 1761 前漢書律曆志

十	人事	修身・遊戲	載修身之法及投壺、雙陸、打彈、蹴鞠、鞦韆等遊戲圖。
			1763 明集禮（卷五十三下之大樂工、四夷樂工） 1771～1772 明集禮（卷五十三下之三舞蹈，武舞曰平定天下之舞……） 1773 遵生八箋四時調攝箋（二十四氣修真圖） 1779 活人心法（朱權、八段錦） 1781 操觚法（鄭樵六經奧論、卷一易經） 1790 王禎農書（卷十三農器圖譜七） 1791 王禎農書（卷十農器圖譜四磨鼓、鄂爾泰授時通考卷三十七功作亦引） 1791 王禎農書（卷十四器圖譜八） 1792 事物紀原（宋高承、卷九博弈嬉戲部第四十八高絙） 1792 事物紀原（宋高承、卷九博弈嬉戲部第四十八傀儡偶） 1793～1795 事物紀原（宋高承、卷九博弈嬉戲部第四十八之角抵至蹴鞠）
儀制一	儀制	序班	朝賀、宴飲、朝拜示意圖。
			1801 大明會典卷四十三朝賀 1803 大明會典卷七十二宴禮之大宴禮 1807 大明會典卷四十六冊立一 1817 大明會典卷五十八藩國禮 1823～1825 明太祖實錄卷四十五（宴藩王儀、東宮賜宴儀）
儀制二	儀制	序班	進貢、拜見、冊封圖。
			1829～1830 明太祖實錄卷四十五 1836～1839 明太祖實錄卷四十六冊立一 1841～1843 明太祖實錄卷四十七冊立二 1843～1845 明太祖實錄卷四十八冊立三 1847～1849 明太祖實錄卷四十八冊立三 1850～1852 明太祖實錄卷四十六冊立一

	圖名	說明	文獻溯源
三 儀制	「國朝鹵簿圖」、「國朝儀仗圖下」	明朝鹵簿、儀仗示意圖。	1861 明集禮（卷四十三儀仗／馴象仗馬／宋史輿服志之鹵簿儀服（馴象）） 1862 明集禮（卷四十三儀仗、五輅） 1864～1865 明集禮（卷四十四儀仗、黃麾等） 1866 明集禮（卷四十三儀仗、皂麾北斗旗） 1868～1869 明集禮（卷四十三儀仗） 1871 明集禮（卷四十三儀仗）
四 儀制	「國朝儀仗圖下」	明朝儀仗示意圖。	1876～1879 明集禮（卷四十三儀仗） 1880 明集禮（卷四十四儀仗） 1883 明集禮（卷四十四儀仗） 1884 明集禮（卷四十四儀仗） 1886 明集禮（卷四十四儀仗） 1887 明集禮（卷四十四儀仗） 1888～1889 明集禮（卷四十四儀仗） 1890～1891 明集禮（卷四十四儀仗）
五 儀制	品冠、納后	皇太子、品官冠圖，天子納后諸禮圖圖。	1894 大明會典卷六十四冠禮二皇太子冠禮 1896 大明會典卷六十五冠禮三 1897 大明會典卷之六十六冠禮四品官冠禮 1898 大明會典卷之六十六冠禮四品官冠禮 1903 大明會典卷六十七婚禮一皇帝納后儀 1907 通典禮八十五開元禮纂類二十嘉禮四
六 儀制	納妃、婚禮	皇太子納妃、受冊、親迎、朝見、婚禮等圖。	1912 大明會典卷六十八婚禮二皇太子納妃儀 1920 大明會典卷之四十八冊立三公主冊立儀 1924 大明會典卷七十一婚禮五品官納婦 1927～1929 大明會典卷七十一婚禮庶人納婦

	儀制	喪禮、「祭禮」	喪葬禮禮儀圖、祭祀禮儀圖。	1931 大明會典卷之一百喪禮五 1932 作神主式（居家必用事類全集乙集，元佚名，伊川程先生作神主式云作主用栗取法於時月日辰／大明會典，卷之九十五禮部五十三） 1933 朱子家禮（轉引自清秦蕙田五禮通考卷六十二吉禮六十三） 1934 朱子家禮（第四喪禮大轝） 1941 大明會典卷八十二郊祀二圜丘 1942 明集禮（卷十一吉禮十一日月之壇制） 1943 明集禮（卷十三吉禮十三專祀大歲風雲雷雨師之總序） 1946 明集禮（卷九吉禮九） 1947 明集禮（卷十二吉禮十二） 1948 明集禮（卷十二吉禮十二祀旗纛／禮部志稿卷八十四神祀備考） 1948 馬政志馬政祀柯（歸有光） 1951 大明會典（卷八十七禮部四十五廟祀二祖廟） 1953 大明集禮卷六親王祀仁祖廟 1955 禮部志稿（俞汝楫，卷三十九祠祭司職掌之歷代帝王）
七	儀制	聖賢、鄉飲等	載聖賢祭祀、籍田、番國往來、周漢官制、刑臟、納收贖圖等。	1959 禮部志稿（俞汝楫，卷三十九祠祭司職掌之先師孔子） 1961 朱子家禮 1962 鄭氏家禮 1964 明集禮（卷三十二賓禮三，遣使開詔義注） 1966～1967 明集禮（卷三十二賓禮三，遣使開詔義注） 1968 明集禮（卷三十二賓禮三） 1969 明集禮（卷二十九嘉禮十三，縣邑飲酒讀律義注） 1976 讀律瑣言（明雷夢麟，附錄原行贖罪則例）

大類	子類	標目	說明	條目
珍寶	一 珍寶	珍寶、「錢圖正用上品)」	載珍珠、玉器、石器、金屬（金、銀、銅、錫等）及歷代錢幣珍貴器物。	1979～1980 居家必用事類全集（戊集‧北珠） 1981 本草綱目金石部（宋唐慎微證類本草‧卷四） 1982 本草圖經（證類本草卷四玉石部中品‧圖經曰鐵本經云……） 1983 本草圖經（證類本草卷五玉石部下品‧鉛） 1983 本草圖經（證類本草卷五玉石部下品‧青瑯玕） 1984 本草圖經（證類本草卷三玉石部上品‧丹砂） 1985 本草圖經（證類本草卷三玉石部上品‧玉） 1987 本草圖經（證類本草卷三玉石部上品‧石鐘乳　） 1987 本草圖經（證類本草卷三玉石部上品‧礬） 1991 本草圖經（證類本草卷四玉石部中品‧石膏） 1992 本草圖經（證類本草卷四玉石部中品‧凝水石） 1993 本草圖經（證類本草卷五玉石部下品‧礬石） 1995 本草圖經（證類本草卷五玉石部下品‧不灰木） 1996 泉志（洪遵‧明萬曆刻秘冊匯函本）
	二 珍寶	「錢圖下品」	載各式錢幣。包括「偽品」、「天品」、「刀布品」、「外國品」、「奇品」等。	1997～2033 泉志（洪遵全部‧明萬曆刻秘冊匯函本）
文史	一 文史	「易圖」、「卦象」、「擬玄」、「皇極經世圖」	易經、卦象、擬玄、皇極經世書等圖。	2034 易經圖說（易經解宋朱長文‧明崇禎四年刻本） 2035 伏羲八卦次序（易經解宋朱長文‧明崇禎四年刻本） 2035 皇極經世書（邵雍‧卷十三‧王氏標明附錄朱兩字） 2036 伏羲六十四卦方位（易經解宋朱長文） 2037 伏羲六十四卦次序（易經解宋朱長文） 2038 易學啟蒙通釋（宋胡方平‧卷上‧「又曰乾柔…」為朱子記／明易學啟蒙二水載‧卷十五易學大全書，性理大全書，「又曰「有此象耳」」）

			2038 朱子語類卷六十五易一「初間畫卦時」 2039 易學啟蒙通釋（胡方平卷上。性理大全書卷十五易學啟蒙二邵康節觀物外篇上篇下。後天象數第五） 2043 大易象數鈎深圖（卷下，元張理） 2044 大易象數鈎深圖（卷中，元張理） 2045 大易象數鈎深圖（卷下，元張理） 2053 朱子語類（宋黎靖德，卷六十七卦體卦變） 2063 潛虛（宋司馬光） 2064 詩集傳（朱熹，卷一、卷九） 2064 毛詩集解（卷一國風，宋段昌武） 2064 文公語錄（宋章如愚山堂考索，別集卷六經籍門） 2065 詩集傳（宋章如愚山堂考索，別集卷六經籍門） 2065 文公語錄（宋章如愚山堂考索，別集卷六經籍門） 2075 啟蒙意見（明韓邦奇，卷一） 2075 宋書（沈約，卷十一志第一律志）
二 文史	「詩經圖」、 「書經圖」、 「禮記圖」、 「周禮圖」	載詩、書、禮等經典各圖。	2083 周禮復官司馬（諸子掌國子之倅）
三 文史	「春秋圖」、 「回文圖」、 「詩餘圖譜」	載春秋經及回文詩、《詩餘圖譜》（張綖撰，屬詞論論著上等。	2092 春秋二十國年表圖案，當即《直齋書錄解題》、《文獻通考》所錄《春秋二十國年表》，不知何人作？周而下次以魯曹蔡《春秋一卷本《春秋二杞陳吳邾莒薛小邦？沈虛中？永樂抄本胡本胡廣撰？待考。 2101 璿璣圖敘（武則天）

鳥獸				
四	文史	「詩餘圖譜中」、「詩餘圖譜下」	載《詩餘圖譜》中、下部分。	2102 回文類聚（桑世昌，讀圖內詩括例） 2109 詩餘圖譜（張綖） 2110～2154 詩餘圖譜（張綖）
一	鳥獸	「鳥類」	載神鳥（鳳、精衛、比翼鳥）、鳥禽（孔雀、雞、鸚鵡等）。	2155 埤雅（卷八釋鳥） 2156 埤雅（卷八釋鳥，鸞） 2156 埤雅（卷七釋鳥，孔雀） 2159 埤雅（卷七釋鳥，鶴／鷄） 2160 埤雅（卷九） 2160 爾雅翼（卷十四倉庚，宋羅願） 2161 埤雅（卷八，鷿） 2161 埤雅（卷六，鳩） 2162 埤雅（卷八，隼／燕） 2163 埤雅（卷九，溪鶒） 2165 埤雅（卷九，烏） 2167 埤雅（卷九，雀） 2168 埤雅（卷七，雀） 2170 爾雅翼（卷十七鵒，宋羅願） 2172 埤雅（卷八，鶴） 2174 埤雅（卷六，雉） 2175 埤雅（卷九，鶹） 2176 埤雅（卷九，桑扈） 2177 爾雅翼（卷十五鷙，宋羅願）

二	鳥獸	「鳥類」	續載各類鳥禽。	2170 齊東野語見車鳥 2172 鶡說（柳宗元） 2176 酉陽雜組羽篇（鸐鶈） 2178 埤雅（卷九·杜鵑） 2179 山堂肆考（彭大翼·卷二百三十七補遺畫眉） 2180 埤雅（卷七·雛） 2181 爾雅翼（卷十六·臭·宋羅願） 2184 埤雅（卷八·桃蟲） 2184 爾雅翼（卷十六·鳩·宋羅願） 2185 爾雅翼（卷十六·鼠母·宋羅願） 2185 埤雅 2185 北戶錄卷二蚊母扇（端新州有鳥） 2186 埤雅（卷六·鸛。釋鳥日晨風鸛草木疏云似鷃彰色） 2187 埤雅 2187 山堂肆考（彭大翼·卷二百三十七補遺彰雞） 2190 爾雅翼（卷十三鵬·宋羅願） 2195 爾雅翼（卷十四反古·宋羅願） 2197 埤雅（卷七·鶌鵃） 2191 山海經 2199 郁離子卷五採山得菌（昭明）
三	鳥獸	「獸類」	載神獸（麒麟、㺄狂等）、實存各獸（犀、虎、鹿等）。	2201 山堂肆考（卷二百三十七補遺海東青／鶻鵰） 2203 酉陽雜組（犀） 2204 爾雅翼（卷十九釋獸二虎·宋羅願）

				2204 本草發明卷六象牙條（皇甫篇、皇甫相） 2205 埤雅（卷三釋獸，宋羅願） 2209 爾雅翼（卷二十一鮁鯉，宋羅願） 2214 爾雅翼（卷二十一狐，宋羅願） 2216 倦遊錄（商汝山多群麝） 2216 埤雅（卷三釋獸麝） 2218 埤雅（卷三釋獸猴） 2220 埤雅（卷五釋獸豻）
四	鳥獸	「獸類」	載神獸（檮杌、天狗等）、其他各獸。	2236 爾雅翼（卷二十一彙，宋羅願）
五	鳥獸	「鱗介類」	載神獸（龍、螭、斗牛等）及魚、龜、蛇、蚍蜉等。	2242 爾雅翼（卷二十八釋魚龍，宋羅願） 2244 耳談類增（卷十六史脞篇之斗牛，明王同軌） 2245 爾雅翼（卷三十一釋魚四鼉，宋羅願） 2245 爾雅翼（卷三十一釋魚四鼉，宋羅願） 2246 爾雅翼（卷三十一釋魚四鱉／鼉，宋羅願） 2249 爾雅翼（卷三十一釋魚四黿，宋羅願） 2249 爾雅翼（卷三十一釋魚四蛇，宋羅願） 2250 埤雅（卷十釋蟲，蚺蛇「大蛇可食」） 2251 埤雅（卷十釋蟲，虺） 2252 爾雅翼（卷三十釋魚三鯨，宋羅願） 2252 爾雅翼（卷二十九釋魚二鱥，宋羅願） 2253 爾雅翼（卷二十八釋魚一鮒，宋羅願） 2254 爾雅翼（卷二十九釋魚二鰕／鰕，宋羅願） 2255 爾雅翼（卷二十八釋魚一鱣／鯉，宋羅願）

六	鳥獸	「鱗介類」	載魚、蟹、蚌及蝶、蜘蛛、蚊等昆蟲。	2256 爾雅翼（卷二十九釋魚二鮁，未羅願） 2256 爾雅翼（卷二十九釋魚二鯯，未羅願） 2257 爾雅翼（卷二十九釋魚二鱓，未羅願） 2258 爾雅翼（卷三十釋魚三鱷，未羅願） 2260 埤雅（卷二釋魚，嘉魚） 2263 爾雅翼（卷二十九釋魚二鱉，未羅願） 2269 山堂肆考（卷二百二十四鱗蟲，腦上有孔） 2269 爾雅翼（卷三十釋魚三蝦，未羅願） 2270 爾雅翼（卷三十一釋魚四蟹，未羅願） 2271 爾雅翼（卷三十一釋魚四蠃，未羅願） 2272 太平御覽珍寶部六貝（引相貝經） 2272 閩中海錯疏（明屠本畯，卷下） 2273 增修埤雅廣要（陸佃撰、牛衷增輯，卷十二品物門介族類，蟾蜍） 2274 爾雅翼（卷二十六釋蟲胡蝶，未羅願） 2274 列子天瑞（烏足之根為蠐螬） 2275 爾雅翼（卷二十五釋蟲蜻蛉，未羅願） 2276 爾雅翼（卷二十五釋蟲蜘蛛，未羅願） 2277 爾雅翼（卷二十五釋蟲蟷蜋，未羅願） 2277 埤雅（卷一釋蟲螢） 2278 埤雅（卷十一釋蟲螻蛄） 2283 爾雅翼（蠶之狀，喙呷呷類馬） 2283 齊民要術（卷五，永嘉有八輩蠶） 2284 爾雅翼（卷三十釋魚三蝸牛，未羅願）

草木	一草木	「草類」	2285 埤雅（卷十釋蟲蟋蟀蛆；太平御覽卷九四六蟲豸部三蟋蟀蛆） 2287 太平御覽卷九四六蟲豸部三「莎雞」 2288 爾雅（鼠姑） 2290 爾雅翼（卷三十釋魚三科斗，宋羅願）
草木	草木	載黃精、菖蒲、人參、甘草、地黃等各類草藥。	2291 證類本草（卷六草部上品黃精，多引本草圖經） 2293 證類本草（卷六草部上品，天門冬） 2293 證類本草（卷六草部上品，甘草） 2294 證類本草（卷六草部上品，地黃） 2294 證類本草（卷六草部上品，葳蕤） 2297 證類本草（卷六草部上品，柴胡） 2298 證類本草（卷六草部上品，麥門冬） 2298 證類本草（卷六草部上品，獨活） 2299 證類本草（卷六草部上品，車前子） 2300 證類本草（卷六草部上品，木香） 2301 證類本草（卷六草部上品，澤瀉） 2302 證類本草（卷六草部上品，龍膽草） 2303 證類本草（卷六草部上品，石斛） 2304 證類本草（卷六草部上品，巴戟） 2306 證類本草（卷六草部上品，薯蕷） 2307 證類本草（卷六草部上品，藍實） 2308 證類本草（卷六草部上品，芎藭） 2309 證類本草（卷七草部上品，疾梨子） 2310 證類本草（卷七草部上品，肉鬆容） 2312 證類本草（卷七草部上品，漏盧）

二	草木	「草類」	草藥。 2314 證類本草（卷七草部上品，茜根） 2315 證類本草（卷七草部上品，五味子） 2316 證類本草（卷七草部上品，地膚子） 2317 證類本草（卷七草部上品，慎火草） 2318 證類本草（卷七草部上品，茵蔯） 2319 證類本草（卷七草部上品，徐長卿） 2321 證類本草（卷八草部中品，葛根） 2323 證類本草（卷八草部中品，通草） 2325 證類本草（卷八草部中品，麻黃） 2323 證類本草（卷八草部中品，通草） 2326 證類本草（卷八草部中品，貝母） 2328 證類本草（卷八草部中品，石龍芮） 2330 證類本草（卷八草部中品，紫草） 2332 證類本草（卷八草部中品，酸漿） 2334 證類本草（卷八草部中品，藁本／圖經及崔禹錫禹錫按語）
三	草木	「草類」	草藥。 2335 證類本草（卷八草部中品，草蘚） 2337 證類本草（卷九草部中品，萆薢） 2339 證類本草（卷九草部中品，王瓜） 2341 證類本草（卷九草部中品，防己） 2345 證類本草（卷九草部中品，京三稜） 2345 證類本草（卷九草部中品，零陵香） 2353 證類本草（卷九草部中品，莎草） 2356 證類本草（卷九草部中品，鱧腸）

四	草木	「草類」	草藥。	2359 證類本草（卷十草部下品，鱧腸） 2361 證類本草（卷十草部下品，桔梗） 2365 證類本草（卷十草部下品，甘遂） 2367 證類本草（卷十草部下品，茵芋） 2370 證類本草（卷十一草部下品，商陸） 2372 證類本草（卷十一草部下品，羊蹄禿） 2374 證類本草（卷十一草部下品，稀薟） 2376 證類本草（卷十一草部下品，白頭翁） 2377 證類本草（卷十一草部下品，鬼臼）
五	草木	「草類」	草藥。	2380 證類本草（卷十一草部下品，連翹） 2382 證類本草（卷十一草部下品，金星草） 2385 證類本草（卷十一草部下品，陸英） 2387 證類本草（卷十一草部下品，木賊） 2389 證類本草（卷十一草部下品，夏枯草） 2391 證類本草（卷十一草部下品，水莢） 2396 證類本草（卷三十本經外草，百味草） 2397 證類本草（卷三十本經外草，百兩金）
六	草木	「草類」	草藥。	2401 證類本草（卷三十本經外草，牛天〈大〉回） 2403 證類本草（卷三十本經外草，都管草） 2404 證類本草（卷三十本經外草，菩薩草） 2404～2419 證類本草（卷卷三十本經外草）
七	草木	「草類」	草藥。	2420 證類本草（卷三十八，蔘賣） 2421 遵生八牋（卷十六燕閒清賞箋下卷，吉祥草花）

	草木	類	說明	對應文獻
八	草木	「木類」	載白楊、橡樹及椒、皂莢、巴豆等植物。	2422 抱朴子芝草 2422～2423 證類本草（卷三十本經外草，烈節／杜莖山） 2423～2439 證類本草（卷三十本經外草，黃花丁／山薑） 2440～2455 證類本草（卷十四木部下品） 2458 別錄肉桂 2458 證類本草（卷十四木部上品，箘桂） 2459 證類本草（卷十四木部上品，伏牛／蜜蒙卷十三）
九	草木	「木類」	載松、槐、榆、竹、龍腦、白棘等植物。	2460 廣志艾納香 2462～63 證類本草（卷第十三，柏實） 2464～2469 證類本草（卷十三，五加皮／落鴈木子） 2470～79 證類本草（卷十三，吳茱萸／虎杖）
十	草木	「蔬類」	載薑、瓜、蔥、刀豆、絲瓜、芋、地瓜兒等蔬菜植物。	2480～2483 證類本草（卷二十七菜部，冬葵子） 2484～2495 證類本草（菜部，蒟） 2496 證類本草（卷二十五米穀部，稿豆） 2498 證類本草（卷二十九，水靳） 2502 證類本草（卷十三，芋） 2503 野菜博錄（草部卷二野山藥，鮑山） 2504 野菜博錄（草部卷二野山藥，絲瓜苗） 2506 證類本草（卷三十，剪刀草／即次菰）
十一	草木	「菓類」、「穀類」	載龍眼、胡桃、荔枝、棗、楊梅等菓類，稻米、豆、麥等穀類。	2510～2526 證類本草（卷二十三，果部） 2527 證類本草（卷二十四米穀部，胡麻） 2528～2533（卷二十五、二十六米穀部）

| 十二 | 「花卉類」 | 載牡丹、芍藥、桂花、芭蕉、薔薇、芙蓉等花卉植物。 | 2535 證類本草（卷八草部，芍藥）
2537 岩棲幽事水仙（陳繼儒）
2538 花木記
2540 永樂大典殘卷卷五十九麻花花開續仙傳
2545 證類本草（卷十二木部，辛夷）
2549 群芳譜茶梅
2550 括異志卷七芙蓉
2550 隖東紅詩（老少年，明姜南蓉塘壽話卷九）
2551 雁來紅（明周子羽）
2553 廣群芳譜臙餘釀
2553 草鑒詩子午花
2555 遵生八箋‧燕閒清賞箋下卷‧四時花記 |
| 草木 | | | |

注：一、圖書書名旁邊所列數字，皆為上海古籍出版社《三才圖會》影印版之頁碼。

二、「文獻來源」有關文字，僅提示線索；如需參考，應核查原書原文。

三、「文獻來源」除筆者個別「案語」外，未填加書名號。

四、此表必有疏漏，敬請讀者指正，以便於再版時修訂。

附錄五 《和漢三才圖會》文獻溯源一覽表

部次	分部卷次	總卷次	分　類	詳細目錄	文獻情況	備　註
天部	1	1	天部	日月天象、曆日、隕石、星圖	地輿志 1 類經 天經或問 地輿志 五雜組 事物紀源 錦繡萬花谷 3 三界紀 楞嚴經 論衡 廣博物志 通書正宗 大孔雀經 淮南子 列子 4 天經或問 釋名 登壇必究 本草綱目 世說新語 五雜組 5 世說新語 侯鯖錄	

				周禮注	
				書經注	
				通書正宗 6	
				廣博物志 7	
				登壇必究	
				萬寶全書	
				五雜組 8	
				登壇必究（四條）	
				晉書天文志 9	
				宋史	
				廣博物志	
				廣博物志 14	
				萬寶全書	
2	2	天文	二十八星宿	登壇必究 18	
				博物志 28	
				正法念經	
				楊泉物理論	
				天文或問	
				登壇必究 29	
3	3	天象類	暈、星、風雨雷電、占侯	天文書 30	
				史記劉向傳	
				五雜組	
				漢書音義	
				符瑞圖	
				日本紀	
				左傳	
				緯書（疑非書名，而泛指緯書）	
				月令 31	
				釋名	
				霏雪錄	
				陸佃	
				淮南子	
				春秋說題	
				西京雜記	
				淮南子	
				五行傳	
				鶴林玉露 32	
				陸佃埤雅釋天	
				萬寶全書	

					詩召南	
					理學類編	
					五雜組	
					玉樞經	
					日本紀	
					天文書 33	
					太平御覽	
					日本紀	
					五雜組	
					本綱	
					續日本後記 34	
					三代實錄（日本作品）	
					抱朴子	
					五雜組	
					晉書注（飛廉風伯也）	
					嶺表錄 35	
					本草綱目 36	
					鹽鐵論	
					五雜組	
					天文書（？雨者雲上隔日氣下隔火氣）	
					神靈經（西海上有人乘白馬）	
					埤雅	
					四時纂要	
					碎金錄	
					神樞（芒種後逢丙日）	
					前漢五行志	
					五行傳（？貌之不恭是為不肅）	
					廣博物志 37	
					述異記	
					董子（？）	
					輟耕錄	
					論衡	
					山海經	
					大戴禮 38	
					五雜組	
					五雷經	
					本草綱目	
					大明一統志	

				看雲行占 40 農政全書 周易集林（外卦得陰 爲雨得陽爲晴）41 五雜組 42	
4	4	時候類	歲、閏月、四 季、土用、節 氣、節日	爾雅 43 事物紀源 周禮疏 44 萬寶全書 律曆志（春蠢也萬物 蠢生也） 蔡邕月令 45 西域記 五雜組 三才圖會 史記 46 五雜組 史記郊祀志 拾芥抄 僧史略（近聞周鄭之 地邑社多結） 東國通鑑 白虎通 47 廣韻 子平命鑑（占吉凶禍 福以生年月日時中。 又 72 頁） 續日本紀 禮月令 心經注（西土俗以設） 48 龍樹菩薩天正驗記 谷響集 爾雅 漢書注 五雜組 拾遺記 49 錦繡萬花谷 道經 世風記 五雜組	

					歲時記（荊楚歲時記？）	
					法苑珠林	
					陳眉公秘笈 50	
					束皙（？）	
					日本紀	
					本草綱目	
					十節錄	
					鄴中記 51	
					五雜組	
					續齊諧記	
					大戴禮	
					本草綱目	
					拾芥抄 52	
					五雜組	
					日本紀	
					世諺物語	
					荊楚歲時記	
					博物志	
					續齊諧記	
					風土記（酒灑中庭）	
					五雜組 53	
					歲時記	
					公事根源	
					翻譯名義集	
					釋鑑稽古錄	
					五雜組	
					日本紀	
					盂蘭盆經	
					事物紀源	
					拾芥抄 54	
					月令廣義	
					聽雨齋集之八月初吉詩序	
					五雜組	
					吉田兼好寂寞草	
					忠通翫月詩	
					源氏物語	
					五雜組	
					類書纂要 55	

				群忌際集（？十月亥日食餅） 續齊諧記 五雜組 年中行事 辨才天經 廣博物志 東國通鑑 56 秦中歲時記 事文類聚 公事根源 林氏 寶積寺緣起（山崎） 禮月令 慈恩上生經疏 58 慧暉（相傳百年減一至十年） 立世經（從是人壽四十千歲……）	
5	5	曆占類	干支、納音、神位、卦象	說文 60 延喜式陰陽寮 61 素問六節藏相論 八編類纂載圖書編（陽陷於陰爲水） 爾雅疏釋 62 爾雅 事始 三才圖會 聽雨紀談 63 字彙 64 三才圖會 66 拾芥抄 67 三才圖會 67 三才圖會 68 聖皇本紀 70 廣博物志 71 八編類纂 通書正宗（林紹周）72 子平命鑑 通書正宗 73	66～69 頁，多引三才圖會。

				萬寶全書 素問陰陽二十五人篇 74	
	6	6	曆択日神 （曆日吉凶）	十二月神	（三才圖會：斷例內 雖有可用之日，圖內 有忌者不宜用……） 93	
人部	1	7	人倫類	日本身份、職業	史記 94 日本紀 事物紀源 95 日本紀 史記 96 漢志（闢土殖穀曰 農……）100 通鑑綱目 易大傳 日本紀 山海經 尸子 莊子 林氏曰 101 字彙 禮記儒行篇 日本後記 102 續日本紀 五雜組 日本紀 素問奇恒論 103 五雜組 南史 104 輟耕錄 唐選舉志 初學記 顏氏家訓 物原（？） 禮三正記（天子龜長 一尺二寸） 日本後記 韓子外傳（古之聖賢 必有師黃帝者）105 廣博物志	

					楊明曰（弟子是後學之輩）	
					字彙 106	
					玉篇	
					東坡志林	
					五雜組	
					釋氏要覽 107	
					日本後記	
					事物紀源	
					日本紀	
					釋名	
					四十二章經	
					書言故事	
					廣博物志	
					神仙傳	
					因果經 108	
					五雜組	
					說文	
					王制	
					續日本紀	
					事物紀源	
					王褒傳 109	
					說文	
					續日本紀	
					日本紀	
					三國史記	
					事物紀源	
					穀梁傳 110	
					字彙	
					續事始（續事物本源？）	
					五雜組	
					牛經大全	
					羅山文集	
					姓氏錄 111	
					羅山文集	
					五代史	
					三才圖會	
					文選江賦 112	
					日本紀	
					易繫辭 113	

				日本紀	
				五雜組	
				前漢外戚傳 114	
				書言故事	
				五雜組	
				列子	
				入門 115	
				日本紀	
				婦人良方偏產	
				方言	
2	8	人倫親族	宗族、姻親	白虎通 116	
				錦繡萬花谷	
				字彙	
				釋名	
				書言故事	
				曲禮 117	
				書言故事	
				雜寶藏經	
				風俗通 118	
				五雜組	
				莊子	
				事物紀源	
				魏志	
				公羊傳	
				庚己編	
				日本紀	
				書言故事 119	
				禮記 120	
				爾雅	
				釋名	
				禮記	
				禮記註疏	
				通典 121	
				爾雅	
				釋名	
				通典	
				日本紀	
				書言故事	
				集略（？）122	
				書言故事	
				爾雅	

3	9	官位部	日本職官	佛祖統記 123	
				五雜組	
				日本後記	
				帝王世紀 124	
				五雜組	
				綱鑑（通鑑綱目？）	
				通典 126	
				唐類鑑 127	
				職原抄 138	
				事物紀源	
				漢書注 139	
				大雙紙	
				釋氏要覽 141	
				寶雲經	
				釋氏要覽 142	
				長阿含經	
				摩訶般若經	
				僧史略	
4	10	人倫之用	婚喪嫁娶、人體疾病	三才圖會 143	
				書言故事	
				大戴禮	
				字彙	
				列子	
				養生論 144	
				釋名	
				字彙	
				說文	
				宋書五行志 145	
				五雜組	
				春秋孔演圖	
				五雜組 146	
				莊子	
				輟耕錄	
				奇異雜談 147	
				釋名	
				廣博物志	
				五雜組	
				續醫說 148	
				五雜組	
				說文	

				風俗通	
				日本紀	
				國語 149	
				字彙	
				酉陽雜俎	
				莊子	
				集驗方	
				病源論 150	
				釋名	
				五雜組	
				萬病回春	
				原痘論 151	
				楊仁齋	
				廣博物志	
				內經 153	
				白氏文集	
				江家次第	
				五雜組	
				韻府	
				通鑑	
				事文類集 154	
				曲禮	
				事文類集	
				五雜組	
				通鑑	
				日本紀	
				瑜伽論 155	
				說文	
				陳眉公秘笈	
				釋氏要覽	
				五雜組	
				續日本紀	
				拾芥抄 156	
				五雜組	
5	11	經絡部	臟腑、脈絡	事物紀源 157 五臟六腑（太平御覽所引韓詩外傳） 氣血，參唐王冰黃帝素問靈樞經卷六，四部叢刊景明趙府居敬堂本）	

				「目受血……」，參張機王叔和編金成無己注《傷寒論注釋・註解傷寒論》（卷第一，四部叢刊景明嘉靖汪濟明刊本）「衛氣和名曰緩」條。 158 肺即下述各臟腑首條闡釋者，多引自素問 165 類經 174 類經圖翼（張介賓景岳） 千金方 十四經 178 素問靈樞經骨度篇第十四	
6	12	支體部	臟器、軀體、肌膚、體液	五雜組 182 本草綱目 日本紀 183 五雜組 素問 184 唐書 釋名 唐書 新書（賈誼） 內經 185（人衛氣晝常行於陽） 五雜組 易萃上爻 病源論 詩邶風 素問解精微篇 易艮卦 漢紀別傳 186 說文 內經 枕草紙 禮記月令 本草必讀 神相全編 187 五雜組	

					本草綱目	
					直指方	
					曲禮 188	
					廣五行紀 189	
					內經	
					東鑑	
					徒然草	
					說文	
					石季龍載記 190	
					張介賓（欠者張口呵）	
					類經	
					河間（無痰有聲謂之咳）	
					五車韻端 191	
					釋名	
					五雜組	
					本草綱目 192	
					五雜組	
					五雜組 193	
					耆婆五藏論 194	
					修行道地經	
					本草綱目	
					異苑 195	
					廣博物志	
					釋名	
					內經 196	
					類經	
					釋名	
					左傳注 197	
					春秋正義 198	
					吳越春秋	
					南史 199	
					荀子	
					五雜組	
					釋名	
					左傳	
					輟耕錄 200	
					續仙傳（當即續神仙傳）	
					司馬法	

| 7 | 13 | 異國人物 | 日本西北部、東南部國家民族 | 五雜組 202
東國通鑑 204
大蒙古皇帝奉書日本國王
高句麗書
三才圖會 205
五雜組
東國通鑑 207
大明一統志 211
東國通鑑
三才圖會
世法錄
琉球尚寧王遣大明國書 212
日本紀景行天皇
日本紀
登壇必究 214
三才圖會
東國通鑑 215
大明一統志
三才圖會 216
登壇必究
五雜組 | 此卷引三才圖會者居多，又引大明一統志。 |
| 8 | 14 | 外夷人物 | 域外各族人物 | 三才圖會 217
大明一統志
陳眉公秘笈
登壇必究 218
三才圖會
答暹羅國 219
大明一統志
三才圖會
諭阿媽港 220
長谷川贈呂宋書
三才圖會
文獻通考
劉氏鴻書 221
登壇必究
三才圖會
大明一統志
南方異物志 222
太平廣記 | 此卷引三才圖會者居多，又引大明一統志、五雜組、登壇必究、陳眉公秘笈。 |

				庚辛玉冊 223 登壇必究 大明一統志 登壇必究 226 大明一統志 227 本草綱目 229 陳眉公秘笈 大明一統志 五雜組 231 北史 232 陳眉公秘笈 大明一統志 233 陳眉公秘笈 234 輟耕錄 240 大明一統志 241 萬寶全書 242 古今注 大明一統志 大明一統志 245	
9	15	藝器	筆墨紙硯、券 印符節、度量 衡針、文字	黃帝內傳 247 書經注 晉書 朱子（或堅木爲或之） 248 五雜組 漢書 249 本草綱目 事物紀源 250 錦繡萬花谷 三才圖會 遵生八箋 251 五雜組 三才圖會 252 本草綱目 齊春秋 253 字彙 254 周禮 說文 五雜組 輟耕錄 增韻 255	

					魏略	
					廣博物志	
					字彙	
					蔡襄論書 256	
					崔瑗授鍾繇永字八法	
					魏太祖論書	
					羌堯章續書譜之略	
					用筆九生法 257	
					三擦圖會	
					五雜組	
					論衡 258	
					宋景濂文集	
					通志 259	
					錦繡萬花谷	
					玉海	
					六書略	
					承帝日（州渚與登鳥獸之門）261	
					悉曇抄 263	
					字彙	
					筆談（夢溪筆談？）264	
					簾中抄	
					書史會要（陶宗儀）	
					東國通鑑 265	
					續日本紀	
					聖皇本紀 266	
					類苑 268	
					五雜組	
					日本紀	
					文德實錄 269	
					今昔物語	
					世本	
					事物紀源	
					世本	
					五雜組	
					北史慕母懷文傳 270	
					類經	
					本草綱目 271	
					類經	
					續日本紀	

				類經附翼 272	
				類經	
				算學啓蒙	
				萬寶全書	
				楚辭注	
				菽園雜記	
10	16	藝能	詩詞、和歌、舞樂	釋名 274	
				樂書	
				日本紀 275	
				林氏	
				論大江時棟之詩 276	
				日本紀 277	
				作者部類 278	
				增韻 279	
				日本紀	
				增韻	
				事物紀源	
				字彙	
				日本紀	
				兼好 280	
				羅山文集 281	
				列女傳	
				徒然草	
				列子 282	
				呂氏春秋	
				前漢書張騫傳	
				左傳	
				曲禮	
				五雜組	
				千字文注 283	
				事物紀源	
				三才圖會	
11	17	嬉戲部	各類遊戲項目	西京雜記 285	
				廣博物志	
				五雜組	
				博弈論（韋曜）	
				抱朴子	
				續日本紀	
				太平御覽	
				續事始 286	

				類要 287	
				唐韻	
				毬杖辨色立成	
				三才圖會	
				事物紀源	
				西京雜記 288	
				元亨釋書	
				三才圖會	
				日本紀	
				元亨釋書	
				倭名抄 289	
				世說	
				五雜組	
				潛夫論 290	
				廣博物志	
				三才圖會	
				事物紀源	
				辨色立成	
12	18	樂器類	中日樂器	著聞集 292	
				廣博物志	
				五雜組	
				日本紀	
				公事根源 293	
				世本	
				風俗通	
				拾芥抄	
				倭名抄	
				宋書	
				三才圖會 294	
				事物紀源	
				五雜組	
				風俗通 295	
				世本	
				徐景山 296	
				兼名苑注	
				廣博物志	
				拾芥抄	
				著聞集	
				筆談	
				和名抄 297	
				逸史	

				羅山文集	
				釋名	
				周禮注 298	
				和名抄	
				事物紀源	
				三才圖會	
				樂書	
				五車韻瑞 299	
				事物紀源	
				三擦圖會	
				字彙	
				八編類纂 300	
				三才圖會	
				事物紀源	
				通典	
				世本	
				月令章句 301	
				考工記	
				廣博物志	
				日本紀	
				字彙	
				說文	
				字書	
13	19	神祭附佛供具	佛教、神道教法器用具	易 302	
				禮記王制	
				廣韻	
				左傳	
				素問三部九侯論	
				文公家禮 304	
				物原（事物記源？）	
				闕里志	
				曲禮	
				錫杖經 306	
				數珠功德經	
				木槵子經	
				三才圖會	
				增一經 307	
				千手經	
				釋氏要覽	
				涅槃經	
				三才圖會	

				幡涅槃經 308	
				初學記	
				說文	
				釋名	
				釋氏要覽	
				法華文句	
				西域記 309	
				正法念經	
				釋氏要覽	
14	20	兵器防備具	旗、盾、甲、車、烽燧、狼煙	廣博物志 310	此卷引三才圖會較多。
				原始	
				吳子序	
				續日本紀	
				佩觿集	
				事苑	
				廣雅 311	
				管子三才圖會	
				釋名	
				說文	
				倭名抄 312	
				原始	
				廣韻	
				拾遺記 313	
				登壇必究	
				武編	
				日本紀	
				八編類纂	
				續日本紀 314	
				釋名	
				登壇必究	
				唐式 316	
				登壇必究	
15	21	兵器征伐具	炮、弓弩、刀、劍、槍	登壇必究 317	
				南浦文集	
				佐佐木家譜	
				懲毖錄	
				元史 318	
				登壇必究	
				事物紀源	
				羅山文集	

				登壇必究	
				日本紀 319	
				登壇必究	
				三才圖會	
				倭名抄 320	
				日本紀	
				史記	
				易繫辭	
				三才圖會	
				撒採納體會 321	
				禮射義 322	
				禮內則	
				字彙 323	
				博物志	
				列子湯問	
				春秋燕語	
				淮南子	
				陳眉公秘笈	
				日本紀 324	
				著聞集	
				管子	
				太平廣記	
				六韜 325	
				武備志	
				登壇必究	
				考工記	
				續日本紀 326	
				拾遺記	
				實錄	
				武編	
				武備志 327	
				登壇必究	
				三才圖會	
				廣韻 328	
				述異記	
				登壇必究	
16	22	刑罰	刑罰	崔寔政論 329	
				易睽三爻	
				續日本紀	
				五雜組	
				日本紀 330	

				三才圖會	
				說文 331	
				三才圖會	
				事物紀源	
17	23	漁獵具	漁獵用具	文選注 332	
				三才圖會	
				字彙 333	
				郭璞	
				纂要（因以取魚者也）	
				日本紀 334	
				唐元結傳	
				陶朱養魚經	
				纂要	
				四聲字苑	
				唐韻 335	
18	24	百工具	規矩、尺鑿、繩墨、錐鋸、泥板	說文 336	
				漢書師古注	
				倭名抄載裁縫具	
				通書正宗（林紹周）337	
				素問奇垣篇	
				涅槃經	
				切韻	
				四聲字苑 338	
				字彙	
				武備志日本考 340	
				四聲字苑	
				廣雅	
				纂文（齋人以大槌爲…）	
				倭名抄引陸詞切韻	
				類書纂要	
				唐韻 341	
				玉篇	
				漢語抄	
				孟子 342	
				埤雅	
				三才圖會	
				倭名抄	
19	25	容飾具	鏡梳、粉黛、爐盒	三才圖會 344	
				和名抄	

				切韻	
				軒轅內傳	
				抱朴子	
				五雜組	
				神異經	
				古今醫統 345	
				玄奘三藏表	
				實錄	
				詩魏風 346	
				古今注	
				字彙	
				日本紀	
				倭名抄載文選註 347	
				相感志	
				西京雜記 348	
				事物紀源	
				倭名抄	
				僧祇律 349	
				釋名	
20	26	服玩具	扇、魚袋、斗笠、眼鏡	釋名 350	
				續日本紀	
				方言	
				五雜組 351	
				唐韻	
				三禮圖	
				唐令 352	
				詩衛風	
				百川學海	
				廣韻 353	
				日本紀 354	
				三才圖會	
				史記蘇秦傳	
21	27	絹布類	綾羅綢緞布	詩曹峰 355	
				韻府續編	
				續日本紀	
				日本紀	
				切韻 356	
				倭名抄增韻 357	
				神異經 361	
				陸佃（埤雅？）362	

22	28	衣服類	衣裳	事物紀源 363 延喜式 桃花蕊葉 三才圖會 364（366） 古今注 367 桃花蕊葉 西京雜記 369 內典 大明會典 實錄 372 方言	
23	29	冠帽類	冠冕、頭巾	大戴禮 374 續日本紀 通典 唐式 三才圖會 倭名抄 377	
24	30	履襪類	鞋履、襪靴	說文 378 世本 三才圖會 倭名抄 379 本草綱目 左傳 實錄 唐令 晉書五行志 書經注 380 虞書	
25	31	庖廚具	廚房用具	古史考 381 本草綱目 五車韻瑞 382 倭名抄 四聲字苑 倭名抄 393 茶錄（蔡君謨）385 方言 四聲字苑 倭名抄 386 五車韻瑞 388 廣韻	

				考工記 389	
				三才圖會 391	
				倭名抄引辨色立成	
				文字集略 392	
				淮南子	
				酉陽雜俎	
				萬異術	
				歲時記	
				陳眉公秘笈	
				舊事本紀 393	
				本澳綱目	
				遵生八箋	
				曲禮注 394	
				詩箋	
26	32	家飾具	帷幕、桌椅、箱枕	釋名 396	
				三禮圖	
				原始	
				周禮注	
				唐韻 397	
				和名抄	
				唐史	
				三才圖會 398	
				風俗通	
				韻海	
				日本紀	
				和名抄 399	
				本朝式 400	
				孫愐	
				周禮 401	
				切韻	
				曲禮 402	
				左傳	
				趙廣漢傳 403	
				三才圖會	
				倭名抄 404	
27	33	車駕類	車駕類、車駕用具	漢書注 405	
				四聲字苑	
				五雜組	
				三才圖會	
				古今注 406	

				史周紀 倭名抄 407 本草綱目 408 西京雜記 初學記 409	
28	34	船橋類	船橋、舵槳	方言 411 事物紀源 續日本紀 增韻 倭名抄引兼名苑 三才圖會 412 原始 413 日本紀 日本後記 字彙 廣博物志 414 日本書紀 415	
29	35	農具類	耕地、農作物加工、磨製	易繫辭 416 釋名 三才圖會 世本 419 日本紀 桓譚新論 孔融（水碓之巧……） 傳燈錄 420 禮少儀 晉書注 方言注 421 兼名苑 422 藝文類聚	此卷引三才圖會較多。
30	36	女工具	紡車、熨斗、剪刀	黃帝內傳 424 國語注 農政全書 425（426） 漢語抄 426 日本紀 427 詩小雅 漢語抄 428	引三才圖會較多。
31	37	畜類	牲畜	日本紀 429 五雜組 說苑	

				抱朴子（誤爲抱木子） 字彙 本草綱目 430 廣博物志 搜神記 三才圖會 432 安驥集 435 搜神記 萬寶全書 著文集 436	
32	38	獸類	神獸、野獸	五雜組 437 廣博物志 博物志 三才圖會 爾雅 438 三才圖會 寰宇記 440 五雜組 陳眉公秘笈 442 三才圖會 444 古今注 445 三才圖會 萬寶全書 446 酉陽雜組 三才圖會 447 玄中記 448 五雜組 震澤長語 449 三才圖會 450 傳燈錄	
33	39	鼠類	鼠類、刺猬	廣博物志 454 著聞集 唐書 455	
34	40	寓類怪類	獮猴、猩猩、 牝牡、魍魎	三才圖會 459 述異記 460 神異記 永嘉記 抱朴子 玄中記 淮南子 461	

				切韻 462 釋名 463	
35	41	水禽類	水禽	禽經 466 日本紀 467 龢（和）名抄 469 三才圖會 字彙 倭名抄 471 郭璞（黃白雜文鳴如鵒聲）472 三才圖會 373 倭名抄 474 著聞集	
36	42	原禽類	雞、鴨、雀、燕	日本紀 477 字彙 479 諺 常熟縣志 480 郭璞 倭名抄 三才圖會 龢（和）名抄 484	
37	43	林禽類	森林禽類	三才圖會 486 書月令 487 五雜組 489 三才圖會 日本紀 續日本紀 淮南子 490 本朝食鑑 491 大明一統志 倭名抄 492 本朝食鑑 493 歐陽公詩 和名抄注 496 日本紀 本朝食鑑 三才圖會 497	
38	44	山禽類	山中禽類	拾遺記 498 日本紀 食鑑 499	

				五雜組 陸佃 501 三才圖會 日本紀 502 酉陽續集 孟康 503 本鋼引異物志 505 三才圖會 雜寶藏經 倭名抄載唐韻 506 爾雅 五雜組 春秋 507 楊子 爾雅 文選射雉賦注 爾雅集註 508	
39	45	龍蛇部	龍蛇、蝮蜥、蝾螈	造化權輿 509 廣博物志 文字集略 510 月令 日本紀 511 日本紀 513	
40	46	介甲部	龜、鱉、蟹	山海經 518 唐書 宋史 禮記 519 三才圖會 520 筆談	
41	47	介貝部	珍珠、碑碟、貝類、螺	日本紀 523 五雜組 524 嶺表錄 525 和名抄 530 和名抄 531 和名抄 532	
42	48	魚類 河湖 有鱗魚		五雜組 534 三才圖會 本草必讀 535 文字集略 王倭名抄 536	

				和名抄載食經 537 日本紀 平陽雁蕩山志 三才圖會 539	
43	49	魚類 江海 有鱗魚		食經崔禹錫 541 閩書南產志 日本紀 興化府志 542 三才圖會 544 古事紀 547 食經 547 五雜組 四聲字苑 548 三才圖會 閩書 549 和名抄引兼名苑 550	
44	50	魚類 河湖 無鱗魚		食物本草 552 和名抄 554	
45	51	魚類 江海 無鱗魚		三才圖會 555 古今詩話 本草必讀 556 和名抄 558 說文 三才圖會 南產志 559 泉州府志 560 和名抄載食經 562 本草必讀 563 和名抄 三才圖會 564 和名抄 565 食物本草 566 日本紀 閩書載開元遺事 567 禮記注 569 唐韻 570 字書 漢書顏師古注	

46	52	卵生類	蜜蜂、蠶蠅	張子和 571 三才圖會 576 日本紀 三才圖會 577 古今注（崔豹）578 博物志 日本紀 酉陽雜俎 580 詩國風 倭名抄 581 太平廣記 581 五雜組 小說 582 五雜組 583	
47	53	化生類		羅山文集天牛蟲詩 588 爾雅集註 589 三才圖會 591 詩國風 和名抄 591 三才圖會 592 唐書 三才圖會 三才圖會 594 五雜組 595 三才圖會 萬寶全書 羅山文集 596 爾雅注 農政全書 596	
48	54	濕生類	蛙蟾、蜈蚣、蛐蜒	抱朴子 597 續日本紀 周禮 著聞集 五雜組 598 淮南子 599 南中志 601 切韻（蔣魴）602	
地部	1	55	地部	山海輿全圖、地、田、園	博物志 604 三才圖會

				利瑪竇 605 日本紀 606 唐韻 608 初學記	
2	56	山類	各類山脈丘陵地形、中日名山	五雜組 609 唐韻 610 廣博物志 611 枕草紙 西京雜記 事物紀源 日本紀 612 海東諸國記 漢書注 公羊傳注 周伯溫 613 三才圖會 大明一統志 三才圖會 614 山海經 普陀山志 義楚六帖 615 富士山記 史記 歐陽永叔 616 義楚六帖 著聞集 大明一統志 617 金剛經注 618 紺珠集 錦繡萬花谷	
3	57	水類	水塘湖泊、泉洲、水閘、水	本草綱目 620 白澤圖 茶經 五雜組 犍陀羅 農政全書 經世書 621 顧元慶 通書正宗 天文書	

					釋名 622	
					阿含經	
					瑜伽論說若干因緣	
					五雜組 623	
					傳燈錄	
					三才圖會	
					釋名	
					漢書	
					邵氏後錄	
					續日本紀	
					三才圖會	
					日本紀	
					纂要 624	
					爾雅	
					虞書	
					文選江賦注	
					武備志 625	
					四聲字苑	
					文選海賦 626	
					集注	
					爾雅	
					博物志	
					五雜組	
					東觀記	
					幽怪錄 627	
					事物紀源	
					代醉篇	
					草木子	
					陳眉公秘笈 628	
					寰宇記	
					五雜組	
					日本紀	
					三才圖會	
					三才圖會 629	
					淮南子	
					日本後記 630	
					莊子	
					五雜組 631	
					法華經 632	
					五雜組	
					考工記 633	

4	58	火類	火燭、炭香	事物紀源 634	
				白澤圖	
				張介賓	
				字書 635	
				日本紀	
				漢書陳勝傳 636	
				四聲字苑	
				廣韻	
				錦繡萬花谷	
				禮記	
				唐式	
				和名抄	
				五車韻瑞 637	
				明堂經 638	
				類經圖翼	
				類苑	
5	59	金類	中日名石、金屬	潛夫論 640	
				五雜組	
				廣博物志	
				拾遺記	
				陳眉公秘笈 641	
				續日本紀 642	
				日本紀 643	
				古今醫統 644	
				律曆志	
				古今醫統 646	
				續日本紀	
				荊川武編	
				土宿本草 646	
				武編	
				荊川武編 647	
				字彙 648	
				事物紀源 649	
				五雜組	
				日本紀	
				西宮記	
				事物紀源 650	
6	60	玉石類	玉、珊瑚、寶石、雲母、石英	玉論（王逸）651	
				爾雅	
				居家必用 652	

7	61	雜石類	辰砂、汞粉、雄黃、石膏、石油、芒硝、各石	續日本紀 655（656～657） 日本紀 661 五雜組 663 續日本紀 664 素問王冰注 668 三才圖會 五雜組 669 續日本紀 671 古今醫統 671 大明一統志 672 續日本紀 672 續日本紀 673	
8	62本	中華、北京、南京、山東、山西	中華一統圖、古九州、十五省，各地朝代、名人、土產	三才圖會 676 五雜組	
9	62末	河南、陝西、湖廣	各地朝代、名人、土產		
10	63	江西、浙江、福建、廣東、廣西、貴州、四川、雲南	各地朝代、名人、土產		
11	64	地理 大日本國、朝鮮國、琉球國、蝦夷島、西域、天竺、北地諸狄、西南諸蠻	日本國圖、天皇、朝鮮、蠻夷、釋迦摩尼、佛教宗祖	東國通鑑 750 海東諸國記 兩朝平壤錄 東國通鑑 753 兩朝平壤錄 西域記 756 三才圖會 高僧傳 757 西域記 釋迦摩尼三十三祖 760	
12	65	陸奧、出羽	神社、寺觀、島嶼、山川、土產		
13	66	上野、下野、常陸、上總、下總、安房	神社、寺觀、島嶼、山川、土產	785 北條九代記 799 續日本紀	

14	67	武藏、相模、伊豆	神社、寺觀、島嶼、山川、土產	817 神系圖 819 新編鎌倉志 819 古今醫統 829 鎌倉大草子	
15	68	越後、佐渡、越中、信濃	神社、寺觀、島嶼、山川、土產	835 續日本紀 839 續日本記 839 日本紀	
16	69	甲斐、駿河、遠江、三河	神社、寺觀、島嶼、山川、土產	852 搜神記	
17	70	能登、加賀、越前、飛驒、美濃	神社、寺觀、島嶼、山川、土產	875 風土記 876 釋門正統 879 日本紀	
18	71	若狹、近江、尾張、伊勢、志摩、伊賀	神社、寺觀、島嶼、山川、土產	880 風土記（兩處） 884 方丈記 886 智證大師年譜 894 風土記 905 續日本紀	
19	72 本	山城	神話人物、政治、文化、宗教名人	907 桓武天皇詔書 帝王世記 釋名 913 續日本紀 914 文德實錄 日本後記 918 緣起 921 續日本紀 922 日本紀 924 大秦廣隆寺緣起 924 續日本後記 924 著聞集	
20	72 末	山城	神話人物、政治、文化、宗教名人	944 宋史 945 扶桑略記	
21	73	大和	神社、寺觀、島嶼、山川、名人、土產	974 天皇詔書 977 日本後記 977 續日本紀 981 續日本紀 990 日本後記 995 古事記 995 林氏	

				996 神代卷：大已貴神之幸魂奇魂，今欲往於日本國之三諸山	
22	74	攝津	神社、寺觀、島嶼、山川、名人、土產	1009 日本紀 1014 方角抄 1020 日本紀 1021 日本紀 1021 神社啓蒙 1021 佛說摩訶迦羅大黑天神經 1026 風土記 1026 帝王編年紀 1026 平家物語	
23	75	河內	神社、寺觀、島嶼、山川、名人、土產	1041 日本紀 1042 日本紀（兩處） 1044 緣起略 1047 神明帳 1048 紫雲山來迎寺傳	
24	76	和泉、紀伊、淡路	神社、寺觀、島嶼、山川、名人、土產	1050 日本後記 1051 緣起 1052 源平盛衰記 1052 續日本紀 1053 舊事紀 1058 舊事紀 1058 緣起 1058 續日本後記 1059 緣起 1060 泉州志 1060 日本後記 1061 緣起 1061 紀貫之集	
25	77	丹波、丹後、但馬、因幡、播磨、	神社、寺觀、島嶼、山川、名人、土產	1078 風土記 1078 扶桑略記 1078 日本後記 1082 拾芥抄 1082 作者部類 1082 姓氏錄 1083 羅山文集 1084 著聞集	

26	78	美作、備前、備中、備後、伯耆、出雲、隱岐	神社、寺觀、島嶼、山川、名人、土產	1090 續日本紀 1092 日本紀 1098 日本後記	
27	79	阿波、土佐、讚岐、伊予、安藝、石見、周防、長門	神社、寺觀、島嶼、山川、名人、土產	1102 風土記	
28	80	豐前、豐後、築前、築後、日向、肥後、大隅、薩摩、肥前、壹岐、対馬	神社、寺觀、島嶼、山川、名人、土產	1119 日本後記 1120 日本後記 1127 日本紀 1128 續日本紀 1128 北史 1130 續日本紀 1131 續日本紀	
29	81	家宅類	宮館、宅室、祠社；棟樑、柱枋、門垣、壁柵	1144 說文 釋名 三才圖會 倭名抄 日本紀 黃帝內傳 公羊傳注 唐韻 1145 唐韻 字彙 韓詩外傳 家禮 1146 事物紀源 五雜組 書言故事 續日本紀 僧史略 高僧傳 日本紀 1147 釋氏稽古略 字彙 五雜組 白虎通 事物紀源	

					月令注	
					唐令	
					禮月令	
					1148 五雜組	
					唐令	
					字彙	
					倭名抄	
					周禮	
					1149 倭名抄	
					三才圖會	
					日本紀	
					1150 唐令	
					續日本紀	
					倭名抄	
					谷響集	
					白澤圖	
					居家比用	
					五雜組	
					釋名	
					1151 風俗通	
					1152 風俗通	
					陳眉公秘笈	
					釋名	
					1153 字彙	
					尸子	
					倭名抄	
					1154 說文	
					三才圖會	
					1155 淮南子	
					事物紀源	
					漢書音義	
					1156 釋名	
					氣韻	
					說文	
					續日本紀	
					1157 三巴記	
					廣博物志	
					蘇鶚演義	
					五雜組	
					唐韻	
					1158 通俗文	

				字彙	
				楊升庵	
				字彙	
				1159 字彙	
				禮檀弓	
30	82	香木類	松柏、桂樟等	1160 本草綱目	
				和名抄	
				五雜組	
				字說	
				1161 五雜組	
				爾雅翼	
				1162 玉篇	
				爾雅注	
				1163 字說	
				史記	
				五雜組	
				事類全書	
				種樹書	
				衡嶽志	
				1165 蒙筌	
				1166 畫譜	
				1167 聖皇本紀	
				本草彙言	
				陳眉公秘笈	
				1170 爾雅注	
				倭名抄	
				1172 本草必讀	
				五雜組	
				1173 大明一統志	
				1174 漢武故事	
				1175 五雜組	
				古今醫統	
31	83	喬木類	楊柳、桐漆	1178 大明一統志	
				農政全書	
				1179 說文	
				1181 農政全書	
				1182 農政全書	
				1184 翻譯名義集	
				1185 爾雅翼	
				陸機詩疏	

				沈炯賦	
				1188 五雜組	
				1190 木本畫譜	
				1191 翻譯名義集	
				字彙	
				西域記	
				字彙	
				五雜組	
32	84	灌木類		1192 農政全書	
				1197 本草必讀	
				1198 農政全書	
				1200 農政全書	
				1202 農政全書	
				遵生八箋	
				1203 遵生八箋	
				農政全書	
				1204 農政全書	
				1206 遵生八箋	
				三才圖會	
				1207 木本畫詩譜	
				畫譜	
				1208 日本紀	
				倭名抄	
				草本花詩譜	
				1210 農政全書	
33	85	寓木類、苞木‧竹之類	湖泊、茯苓、竹	1221 五雜組	
				1212 遯齋閑覽	
				1213 婦人良方（陳自明）	
				1214 五雜組	
				古今醫統	
				1215 文字集略	
				1216 五雜組	
				和名抄	
				1217 五雜組	
34	86	五果類	桃、李、杏、棗、栗	1218 漢書注	
				種花果法（張約齋）	
				古今醫統	
				酉陽雜組	
				1219 三才圖會	

				1220 鶴林玉露 續日本紀 古今醫統 1221 古今醫統 1222 漢書 木本花詩譜 1223 古今醫統 五雜組	
35	87	山果類	梨、柑、橘、柚、櫻桃	1224 古今醫統 1225 倭名抄 日本後記 平成天皇詩 日本紀 1226 農政全書 1227 農政全書 1228 古今醫統 1230 古今醫統 1231 日本紀 古今醫統 1232 橘譜（韓彥直） 1235 古今醫統 五雜組 1239 詩小雅	
36	88	夷果類	龍眼、橄欖、檳郎、椰子、菠蘿蜜、天仙果、番蕉	1242 古今醫統 1245 涅槃經 1246 遵生八箋 1247 五雜組	
37	89	味果類	椒、醋林子、吳茱萸、茶	1250 草木花詩譜 1252 錦繡萬花谷、五雜組 茶經	
38	90	蓏果類	瓜、葡萄、甘蔗、獼猴桃、冰糖	1254 古今醫統 1257 大明一統志	
39	91	水果類	蓮藕、芡實、慈姑	1258 古今醫統 1259 古今醫統	
40	92 本	山草類上卷	甘草、參類、桔梗、天麻、丹參、紫草	1268 博物志 1275 救荒本草	

41	92末	山草類下卷	茅類、豎線、杜蘅、徐長卿、金剛刺	1281 草本花詩譜 1283 和名抄 1286 農政全書 草本花詩譜 1287 倭名抄 1288 草本花詩譜 農政全書2 1289 農政全書4 1290 農政全書6	
42	93	芳草類	川芎、肉豆蔻等藥草，牡丹、芍藥、茉莉、蘭類等花卉	1294 畫譜 花品錄（歐陽修） 古今醫統 五雜組 事物紀源 陳眉公秘笈 1296 酉陽雜組 1297 本草必讀2 1298 本草必讀 1301 救荒本草2 1302 畫譜 古今醫統 五雜組 古今醫統 1304 草本花詩譜 1305 三才圖會 五雜組	
43	94本	濕草類	菊、蒿、益母草、雞冠、地黃、葵	1309 古今醫統 畫譜 1310 荊楚歲時記 博物志 1313 南史 1314 太平廣記 蒙筌 1315 畫譜 1320 畫譜 1321 五雜組 1324 畫譜 1325 畫譜 枕雙紙 淮南子	

				1326 倭名抄	
				1328 畫譜	
44	94 末	濕草類	草、蓼、曼陀羅花	1330 食經	
				畫譜	
				1331 五鳳集	
				1332 畫譜	
				倭名抄	
				月令	
				1338 倭名抄	
				神仙方	
				1339 救荒本草	
				1341 類聚國史	
				史炤釋文	
				1342 草本花詩譜 3（汪躍鯉）	
				救荒本草	
				農政全書	
				三才圖會	
				1343 續醫說	
				農政全書	
				1344 救荒本草	
				1345 農政全書	
				1347 農政全書	
				1349 農政全書 5	
				1350 農政全書 7	
				1351 農政全書 6	
				救荒本草	
				花史	
				1352 救荒本草	
				1353 字彙	
45	95	毒草類	大黃、狼毒、鬼臼、鳳仙花、羊躑躅、石龍芮	1358 三才圖會	
				1362（內）經	
				1363 古今醫統	
				畫譜	
				1364 畫譜	
				1365 草本畫譜	
				1366 草本畫譜	
				晉山世稿（朝鮮）	
46	96	蔓草類	菟絲子、馬錢子、何首烏、	1370 原始	
				1373 草本花詩譜	

			土茯苓、藤；月季、荼蘼、玫瑰、海棠；落花生	1374 畫譜 2 1375 畫譜 遵生八箋 秘傳花鏡 草木花詩譜 1377 古今醫統 1381 蒙筌 1382 草本花詩譜 1383 救荒本草 1386 東西洋考（張燮） 齊民要術 1387 農政全書 4 1388 農政全書 致富全書	
47	97	水草 藻類 苔類	羊蹄、菖蒲、浮萍、藻苔	1390 漳州府志 1392 畫譜 1393 倭名抄 2 1395 倭名抄載食經 1396 倭名抄載本朝令 1399 五雜組	
48	98	石草類	石斛、虎尾草、佛甲草、吉祥草	1404 草本花詩譜	
49	99	葷草類	韭、蔥、蒜、薑、蘿蔔、茼蒿、芹菜、茴香、煙草	1405 楞嚴經 1406 本草必讀 1407 救荒本草 1408 陸佃 1412 李廷飛 1413 農政全書 1414 本草洞詮 羅山文集	
50	100	蓏菜類	茄子、南瓜、苦瓜、冬瓜	1416 大明一統志 海上名方 古今醫統 農政全書 1417 五雜組	
51	101	芝栭類	靈芝、地茸、蘑菇、菌類	1421 畫譜 廣博物志 大戴明堂篇 化書	

				通鑑	
				通鑑前編	
				事文要言	
				1425 五雜組	
52	102	柔滑菜	萵苣、蒲公英、蕨菜、芋、薯蕷、山丹、百合	1428 農政全書 3	
				1429 農政全書	
				1431 農政全書	
				1434 鎮江府志	
				1435 古今醫統	
				畫譜 2	
				1436 農政全書	
				1437 詩魏風	
				爾雅注（鄭樵）	
				救荒本草	
53	103	穀類	稻麥、粟穀、狼尾草、罌粟、薏仁	1438 廣博物志	
				本草綱目	
				1440 唐書	
				日本紀	
				說文	
				1442 日本後記	
				1444 淮南子	
				1447 古今醫統	
				1448 瀛涯勝覽	
54	104	菽豆類	豆類	1451 農政全書	
				和名抄	
55	105	造釀類	醬油、納豆、鹵水、酒、豆腐、飯粥、餅餌、糕羹	1455 倭名抄	
				1457 古今醫統	
				南史	
				戰國策	
				魏書	
				說文	
				1458 素問類經	
				日本紀	
				1459 韻語陽秋	
				1461 字彙	
				毗羅三昧經	
				釋氏要覽	
				荊楚歲時記	
				1462 釋名	
				1463 續齊諧記	

				五雜組 群談採餘 語林 十節記 1465 回春 1466 文選注 字彙 1467 字彙 1468 五雜組	

注：一、圖書書名旁邊所列數字，皆爲東京美術《和漢三才圖會》影印版之頁碼。

二、本表所有文獻均未塡加書名號，請讀者見諒鑒查。

三、本表必有疏漏，敬請讀者指正，以便於再版時修訂。

附錄六　《和漢三才圖會》重要引書一覽表

1	五雜組	45	三才圖會	40	農政全書	2	事物紀源	3	廣博物志	4	登壇必究
5	五雜組	62	三才圖會	425	農政全書	43	事物紀源	7	廣博物志	7	登壇必究
8	五雜組	66	三才圖會2	426	農政全書	53	事物紀源	9	廣博物志	8	登壇必究4
30	五雜組	67	三才圖會5	596	農政全書	95	事物紀源	14	廣博物志	18	登壇必究
32	五雜組	68	三才圖會5	620	農政全書	107	事物紀源	37	廣博物志	29	登壇必究
33	五雜組	93	三才圖會	1178	農政全書	108	事物紀源	55	廣博物志	214	登壇必究
34	五雜組	111	三才圖會	1181	農政全書	109	事物紀源	71	廣博物志	216	登壇必究
36	五雜組	143	三才圖會	1182	農政全書	118	事物紀源	105	廣博物志	218	登壇必究
38	五雜組	205	三才圖會	1192	農政全書	138	事物紀源	107	廣博物志	221	登壇必究
42	五雜組	211	三才圖會	1198	農政全書	157	事物紀源	147	廣博物志	223	登壇必究
45	五雜組	214	三才圖會	1200	農政全書	250	事物紀源	151	廣博物志	226	登壇必究
46	五雜組	216	三才圖會	1202	農政全書	269	事物紀源	195	廣博物志	313	登壇必究
48	五雜組	217	三才圖會	1203	農政全書	279	事物紀源	255	廣博物志	314	登壇必究
49	五雜組	218	三才圖會	1204	農政全書	283	事物紀源	285	廣博物志	316	登壇必究
51	五雜組	219	三才圖會	1210	農政全書	287	事物紀源	290	廣博物志	317	登壇必究
52	五雜組	220	三才圖會	1226	農政全書	290	事物紀源	292	廣博物志	318	登壇必究
53	五雜組	221	三才圖會	1227	農政全書	294	事物紀源	296	廣博物志	318	登壇必究
53	五雜組	250	三才圖會	1286	農政全書	298	事物紀源	301	廣博物志	319	登壇必究
54	五雜組	252	三才圖會	1288	農政全書2	299	事物紀源	310	廣博物志	325	登壇必究
54	五雜組	257	三才圖會	1289	農政全書4	300	事物紀源	414	廣博物志	327	登壇必究
55	五雜組	283	三才圖會	1290	農政全書6	318	事物紀源	430	廣博物志	328	登壇必究
102	五雜組	287	三才圖會	1342	農政全書	331	事物紀源	437	廣博物志		
103	五雜組	288	三才圖會	1343	農政全書	348	事物紀源	454	廣博物志	30	日本紀
106	五雜組	290	三才圖會	1345	農政全書	363	事物紀源	509	廣博物志	32	日本紀
108	五雜組	294	三才圖會	1347	農政全書	411	事物紀源	611	廣博物志	33	日本紀
110	五雜組	298	三才圖會	1349	農政全書5	611	事物紀源	640	廣博物志	50	日本紀

113	五雜組	299	三才圖會	1350	農政全書7	627	事物紀源	1157	廣博物志	52	日本紀
114	五雜組	300	三才圖會	1351	農政全書6	634	事物紀源	1421	廣博物志	53	日本紀
118	五雜組	306	三才圖會	1387	農政全書4	649	事物紀源	1438	廣博物志	94	日本紀
123	五雜組	307	三才圖會	1388	農政全書	650	事物紀源	297	和名抄	95	日本紀
124	五雜組	319	三才圖會	1413	農政全書	1146	事物紀源	298	和名抄	100	日本紀
145	五雜組	320	三才圖會	1416	農政全書	1147	事物紀源	344	和名抄	102	日本紀
146	五雜組	327	三才圖會	1428	農政全書3	1155	事物紀源	397	和名抄	107	日本紀
147	五雜組	330	三才圖會	1429	農政全書	1294	事物紀源	399	和名抄	109	日本紀
148	五雜組	331	三才圖會	1431	農政全書			496	和名抄	112	日本紀
150	五雜組	332	三才圖會	1436	農政全書			530	和名抄	113	日本紀
153	五雜組	342	三才圖會	1451	農政全書	110	羅山文集	531	和名抄	115	日本紀
154	五雜組	344	三才圖會			111	羅山文集	532	和名抄	118	日本紀
155	五雜組	354	三才圖會	1275	救荒本草	281	羅山文集	537	和名抄	121	日本紀
156	五雜組	354	三才圖會	1301	救荒本草2	297	羅山文集	550	和名抄	148	日本紀
182	五雜組	366	三才圖會	1339	救荒本草	318	羅山文集	554	和名抄	154	日本紀
183	五雜組	374	三才圖會	1342	救荒本草	588	羅山文集	558	和名抄	183	日本紀
185	五雜組	378	三才圖會	1344	救荒本草	596	羅山文集	562	和名抄	212	日本紀
187	五雜組	391	三才圖會	1351	救荒本草	1083	羅山文集	563	和名抄	212	日本紀
191	五雜組	398	三才圖會	1352	救荒本草	1414	羅山文集	565	和名抄	268	日本紀
192	五雜組	403	三才圖會	1383	救荒本草			591	和名抄	275	日本紀
193	五雜組	405	三才圖會	1407	救荒本草			636	和名抄	277	日本紀
199	五雜組	412	三才圖會	1437	救荒本草			1160	和名抄	279	日本紀
202	五雜組	416	三才圖會					1216	和名抄	279	日本紀
205	五雜組	432	三才圖會					1283	和名抄	288	日本紀
216	五雜組	437	三才圖會					1451	和名抄	292	日本紀
231	五雜組	438	三才圖會	1166	畫譜	102	日本後記			301	日本紀
248	五雜組	444	三才圖會	1207	畫譜	104	日本後記	289	倭名抄	313	日本紀
251	五雜組	445	三才圖會	1294	畫譜	107	日本後記	293	倭名抄	319	日本紀
254	五雜組	447	三才圖會	1302	畫譜	123	日本後記	312	倭名抄	320	日本紀
257	五雜組	450	三才圖會	1309	畫譜	413	日本後記	320	倭名抄	324	日本紀
268	五雜組	459	三才圖會	1315	畫譜	630	日本後記	336	倭名抄	330	日本紀
269	五雜組	469	三才圖會	1320	畫譜	914	日本後記	340	倭名抄	334	日本紀
282	五雜組	473	三才圖會	1324	畫譜	977	日本後記	342	倭名抄	346	日本紀
285	五雜組	480	三才圖會	1325	畫譜	991	日本後記	347	倭名抄	354	日本紀
289	五雜組	486	三才圖會	1328	畫譜	1050	日本後記	348	倭名抄	355	日本紀
292	五雜組	489	三才圖會	1330	畫譜	1060	日本後記	357	倭名抄	398	日本紀
294	五雜組	497	三才圖會	1332	畫譜	1078	日本後記	377	倭名抄	413	日本紀
329	五雜組	501	三才圖會	1363	畫譜	1098	日本後記	379	倭名抄	419	日本紀

344	五雜組	505	三才圖會	1364	畫譜	1119	日本後記	382	倭名抄	427	日本紀
351	五雜組	520	三才圖會	1374	畫譜 2	1120	日本後記	383	倭名抄	429	日本紀
405	五雜組	534	三才圖會	1375	畫譜	1225	日本後記	386	倭名抄	467	日本紀
429	五雜組	539	三才圖會	1392	畫譜	1442	日本後記	391	倭名抄	477	日本紀
437	五雜組	544	三才圖會	1421	畫譜			404	倭名抄	489	日本紀
440	五雜組	548	三才圖會	1435	畫譜 2			407	倭名抄	496	日本紀
448	五雜組	555	三才圖會			34	續日本後記	411	倭名抄	498	日本紀
489	五雜組	558	三才圖會	47	續日本紀	924	續日本後記	471	倭名抄	502	日本紀
499	五雜組	564	三才圖會	102	續日本紀	1058	續日本後記	474	倭名抄	511	日本紀
506	五雜組	576	三才圖會	108	續日本紀			480	倭名抄	513	日本紀
524	五雜組	577	三才圖會	109	續日本紀	292	著聞集	492	倭名抄	523	日本紀
534	五雜組	591	三才圖會	155	續日本紀	296	著聞集	506	倭名抄	537	日本紀
547	五雜組	592	三才圖會	265	續日本紀	324	著聞集	581	倭名抄	541	日本紀
581	五雜組	592	三才圖會	271	續日本紀	436	著聞集	1144	倭名抄	566	日本紀
583	五雜組	594	三才圖會	285	續日本紀	454	著聞集	1148	倭名抄	576	日本紀
595	五雜組	595	三才圖會	310	續日本紀	474	著聞集	1149	倭名抄	578	日本紀
598	五雜組	604	三才圖會	314	續日本紀	597	著聞集	1150	倭名抄	606	日本紀
609	五雜組	613	三才圖會	326	續日本紀	616	著聞集	1153	倭名抄	612	日本紀
620	五雜組	614	三才圖會	329	續日本紀	924	著聞集	1170	倭名抄	623	日本紀
623	五雜組	623	三才圖會	350	續日本紀	1084	著聞集	1208	倭名抄	628	日本紀
626	五雜組	623	三才圖會	355	續日本紀			1225	倭名抄	635	日本紀
628	五雜組	628	三才圖會	374	續日本紀			1287	倭名抄	643	日本紀
631	五雜組	629	三才圖會	411	續日本紀			1326	倭名抄	649	日本紀
632	五雜組	668	三才圖會	489	續日本紀			1332	倭名抄	661	日本紀
640	五雜組	676	三才圖會	597	續日本紀			1338	倭名抄	839	日本紀
649	五雜組	756	三才圖會	623	續日本紀	7	萬寶全書	1393	倭名抄 2	879	日本紀
663	五雜組	1144	三才圖會	642	續日本紀	14	萬寶全書	1395	倭名抄	922	日本紀
669	五雜組	1149	三才圖會	646	續日本紀	32	萬寶全書	1396	倭名抄	1009	日本紀
676	五雜組	1154	三才圖會	655	續日本紀	44	萬寶全書	1455	倭名抄	1020	日本紀
1146	五雜組	1206	三才圖會	656	續日本紀	73	萬寶全書			1021	日本紀
1147	五雜組	1219	三才圖會	657	續日本紀	242	萬寶全書			1041	日本紀
1148	五雜組	1305	三才圖會	664	續日本紀	272	萬寶全書			1042	日本紀 2
1150	五雜組	1342	三才圖會	671	續日本紀	435	萬寶全書			1092	日本紀
1157	五雜組	1358	三才圖會	672	續日本紀	446	萬寶全書			1127	日本紀
1160	五雜組			673	續日本紀	595	萬寶全書			1144	日本紀
1161	五雜組			799	續日本紀					1146	日本紀
1163	五雜組	101	字彙	835	續日本紀					1149	日本紀
1172	五雜組	110	字彙	839	續日本紀	107	書言故事			1208	日本紀

1175	五雜組	116	字彙	905	續日本紀	114	書言故事	107	釋氏要覽	1225	日本紀
1188	五雜組	143	字彙	913	續日本紀	116	書言故事	141	釋氏要覽	1231	日本紀
1191	五雜組	144	字彙	921	續日本紀	117	書言故事	142	釋氏要覽	1440	日本紀
1212	五雜組	149	字彙	977	續日本紀	119	書言故事	155	釋氏要覽	1458	日本紀
1214	五雜組	255	字彙	981	續日本紀	121	書言故事	307	釋氏要覽		
1216	五雜組	263	字彙	1052	續日本紀	122	書言故事	308	釋氏要覽	46	拾芥抄
1217	五雜組	279	字彙	1090	續日本紀	143	書言故事	309	釋氏要覽	52	拾芥抄
1223	五雜組	299	字彙	1128	續日本紀	1146	書言故事	1461	釋氏要覽	54	拾芥抄
1235	五雜組	301	字彙	1130	續日本紀			46	東國通鑑	67	拾芥抄
1247	五雜組	338	字彙	1131	續日本紀	3	錦繡萬花谷 3	56	東國通鑑	156	拾芥抄
1252	五雜組	346	字彙	1146	續日本紀	49	錦繡萬花谷	189	東國通鑑	293	拾芥抄
1294	五雜組	413	字彙	1150	續日本紀	116	錦繡萬花谷	204	東國通鑑	296	拾芥抄
1302	五雜組	429	字彙	1156	續日本紀	250	錦繡萬花谷	207	東國通鑑	1082	拾芥抄
1305	五雜組	469	字彙	1220	續日本紀	259	錦繡萬花谷	211	東國通鑑		
1321	五雜組	1145	字彙			618	錦繡萬花谷	215	東國通鑑	4	本草綱目
1399	五雜組	1147	字彙			636	錦繡萬花谷	265	東國通鑑	36	本草綱目
1417	五雜組	1148	字彙			1252	錦繡萬花谷	750	東國通鑑	38	本草綱目
1425	五雜組	1153	字彙					753	東國通鑑	50	本草綱目
1463	五雜組	1158	字彙							51	本草綱目
1468	五雜組	1158	字彙							182	本草綱目
		1159	字彙							187	本草綱目
		1191	字彙							192	本草綱目
		1191	字彙							194	本草綱目
		1353	字彙							229	本草綱目
		1461	字彙							249	本草綱目
		1466	字彙							252	本草綱目
		1467	字彙							271	本草綱目
		106	字彙							379	本草綱目
		254	字彙							381	本草綱目
		323	字彙							393	本草綱目
		333	字彙							408	本草綱目
		479	字彙							430	本草綱目
		64	字彙							620	本草綱目
		648	字彙							1160	本草綱目
										1438	本草綱目

注：一、圖書書名左側一列數字，皆爲東京美術株式會社《和漢三才圖會》影印版之頁碼。

　　二、本表必有疏漏，敬請讀者指正，以便於再版時修訂。